CB075418

ABRA A PORTA DOS MISTÉRIOS DA BRUXARIA

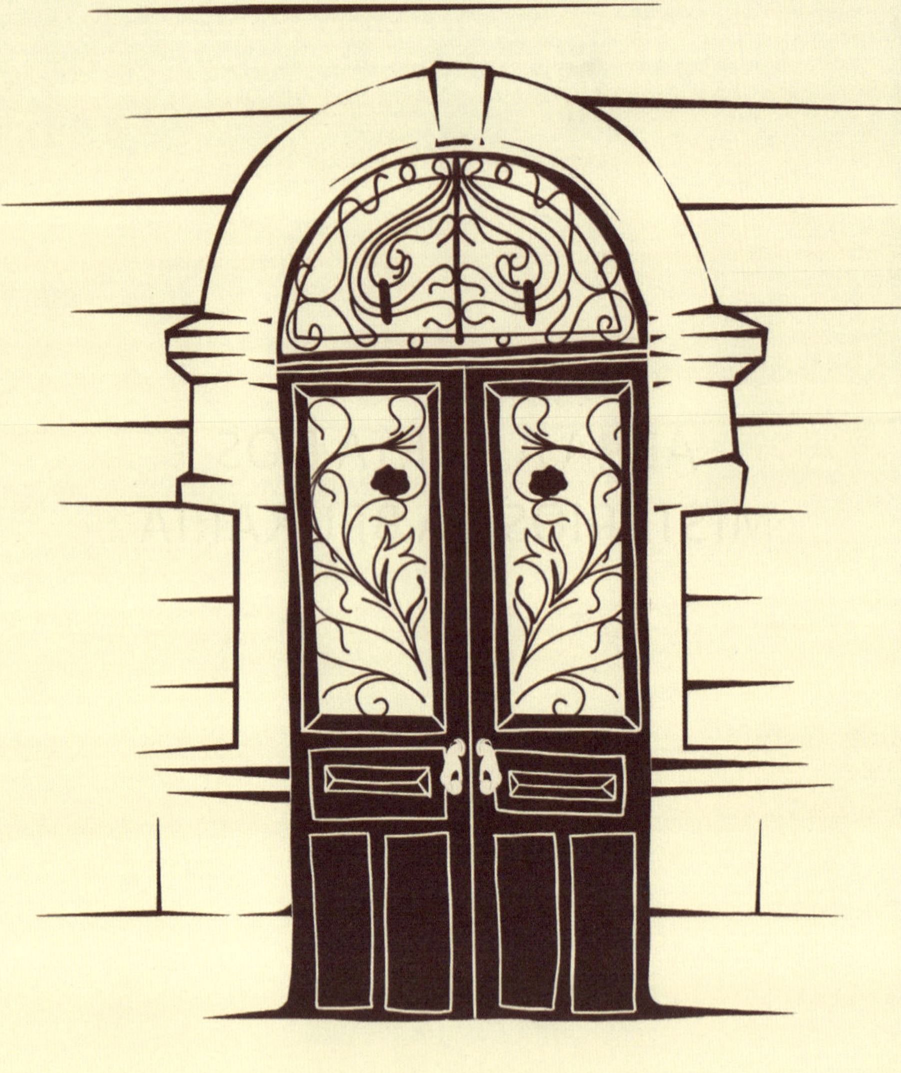

abra a porta dos Mistérios da Bruxaria

A Chave para a

HISTÓRIA, TRADIÇÕES E FEITIÇOS PARA OS DIAS DE HOJE

TONYA A. BROWN

ILUSTRAÇÕES
CHLOÉ BESSON

TRADUÇÃO
DENISE DE CARVALHO ROCHA

Editora
Pensamento
SÃO PAULO

Título do original: *The Door to Witchcraft – A New Witch's Guide to History, Traditions and Modern-Day Spells*.

Copyright © 2019 Althea Press, Emeryville, California.

Publicado pela primeira vez em inglês por Althea Press, um selo da Callisto Media, Inc.

Copyright das ilustrações © 2019 Chloé Besson.

Copyright da edição brasileira © 2021 Editora Pensamento-Cultrix Ltda.

1ª edição 2021.

Todos os direitos reservados. Nenhuma parte deste livro pode ser reproduzida ou usada de qualquer forma ou por qualquer meio, eletrônico ou mecânico, inclusive fotocópias, gravações ou sistema de armazenamento em banco de dados, sem permissão por escrito, exceto nos casos de trechos curtos citados em resenhas críticas ou artigos de revista.

A Editora Pensamento não se responsabiliza por eventuais mudanças ocorridas nos endereços convencionais ou eletrônicos citados neste livro.

Observação: Embora o termo *witch*, do inglês, refira-se a bruxos de ambos os sexos, optou-se por traduzi-lo pela palavra "bruxa", no feminino, pois os praticantes de bruxaria ainda são, em sua maioria, mulheres. Por esse motivo também, a autora se reporta a leitoras do sexo feminino, embora o conteúdo do livro sirva igualmente para praticantes de qualquer gênero.

Editor: Adilson Silva Ramachandra
Gerente editorial: Roseli de S. Ferraz
Gerente de produção editorial: Indiara Faria Kayo
Editoração eletrônica: Join Bureau
Revisão: Vivian Miwa Matsushita

Dados Internacionais de Catalogação na Publicação (CIP)
(Câmara Brasileira do Livro, SP, Brasil)

Brown, Tonya A.
    Abra a porta dos mistérios da bruxaria: história, tradições e feitiços para os dias de hoje / Tonya A. Brown; ilustrações Chloé Besson; tradução Denise de Carvalho Rocha. – São Paulo: Editora Pensamento Cultrix, 2021.

    Título original: The door to witchcraft: a new witch's guide to history, traditions and modern-day spells.
    Bibliografia.
    ISBN 978-65-87236-46-9

1. Bruxaria 2. Magia I. Besson, Chloé. II. Título.

20-47436   CDD-133.43

Índices para catálogo sistemático:
1. Bruxaria: Ocultismo   133.43
Cibele Maria Dias – Bibliotecária – CRB-8/9427

Direitos de tradução para o Brasil adquiridos com exclusividade pela
EDITORA PENSAMENTO-CULTRIX LTDA., que se reserva a
propriedade literária desta tradução.
Rua Dr. Mário Vicente, 368 – 04270-000 – São Paulo – SP
Fone: (11) 2066-9000
http://www.editorapensamento.com.br
E-mail: atendimento@editorapensamento.com.br
Foi feito o depósito legal.

Este livro é dedicado às três mulheres fortes e
admiráveis que me criaram:
Erin Brown,
Kandi Meadors
e Jill Fields.

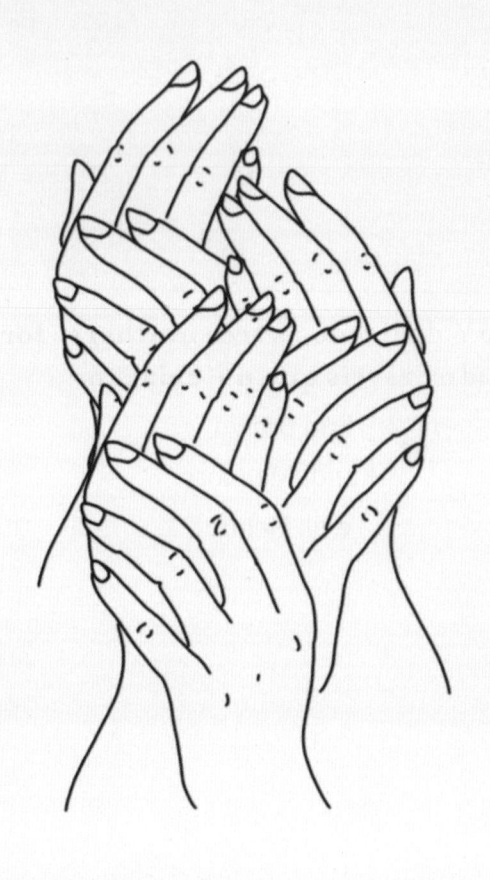

SUMÁRIO

Introdução 8

PARTE I: BRUXARIA E MAGIA PRÁTICA 11
1 Compreenda a Bruxaria 12
2 Crenças e Valores Básicos da Bruxaria 33
3 Como Utilizar seus Poderes Mágicos 45
4 Como Praticar Bruxaria 66

PARTE II: FEITIÇOS 97
5 Amor 100
6 Saúde e Cura (para você e outras pessoas) 119
7 Carreira Profissional 134
8 Questões Familiares e de Amizade 148
9 Trabalho Espiritual 162
10 Proteção 176

Glossário 191
Leituras Recomendadas 194
Referências 196
Agradecimentos 200

INTRODUÇÃO

Se você está com este livro em mãos, é bem provável que já tenha sido seduzida pelo mundo da bruxaria. Se ele lhe causa apenas uma leve curiosidade ou uma sede inesgotável de conhecimento, tanto faz; o importante é você saber que a bruxaria é uma busca que pode ser adaptada para atender aos seus propósitos. Você quer ser uma bruxa conhecedora das ervas, com a casa sempre perfumada com o aroma de poções borbulhantes e ervas desidratadas? Ou busca uma conexão maior com o mundo espiritual, para receber mensagens de planos superiores? A ideia de lançar feitiços e encantamentos lhe parece fascinante? Ou você simplesmente quer aguçar a sua intuição e sexto sentido? O que muitas pessoas não percebem é que a bruxaria não tem um único propósito ou uma única escola de pensamento. Ela é, isto sim, um labirinto de possibilidades e um caminho que nos leva a encontrar o nosso jeito único de praticar magia. Como editora-chefe da *Witch Way Magazine*, meu objetivo sempre foi levar nossos leitores a descobrir o que desperta sua paixão. Praticar magia não significa lançar feitiços de uma determinada maneira; significa praticá-la de um jeito que funcione para você. O objetivo deste livro é ajudá-la a descobrir qual é o seu caminho e mostrar como a bruxaria pode ser maravilhosa.

Quando eu era criança, sempre me senti diferente. Eu tinha muitos encontros espirituais. Na época eu não sabia, mas a bruxaria já estava despertando em mim. Eu era jovem demais para entender que o universo estava me dizendo uma coisa: eu sou uma bruxa! Cresci numa comunidade cristã e tudo o que lia sobre bruxaria estava vinculado à religião Wicca. Eu achava que as minhas únicas opções eram ser cristã ou ser wiccana e, sinceramente, nenhuma dessas duas opções me agradava muito. Com os anos, descobri que a Wicca e a bruxaria não são a mesma coisa e que o meu interesse pelo mundo da magia não precisava influenciar a minha fé religiosa (ou a falta dela), se eu não quisesse. Meus dons e capacidades não pareciam vinculados a uma crença religiosa, porque não estão mesmo. A bruxaria nos oferece a possibilidade de fazer parte de uma comunidade, bem como a chance de sermos leais à nossa própria essência. Desde que comecei minha jornada, descobri muitos nichos do reino da magia em que me encaixo perfeitamente. Mal posso esperar para mostrá-los a você e ajudá-la descobrir os seus!

Praticar bruxaria é encontrar o seu lugar dentro da espiritualidade. Você gosta de rituais? Sua alma se encanta quando vê a Lua? Você tem vontade de pegar o baralho de tarô para ler as cartas? Gosta de lidar com ervas e óleos? Essas preferências são comuns entre as bruxas, mas suas respostas a essas perguntas não determinam sua autenticidade como bruxa. Se você é alguém que se sente atraída pelo misticismo de alguma maneira, se gostaria de descobrir os mistérios da vida ou se o título de "bruxa" lhe parece confortável ou intrigante – você, minha incrível leitora, é uma bruxa! E eu escrevi este livro para você.

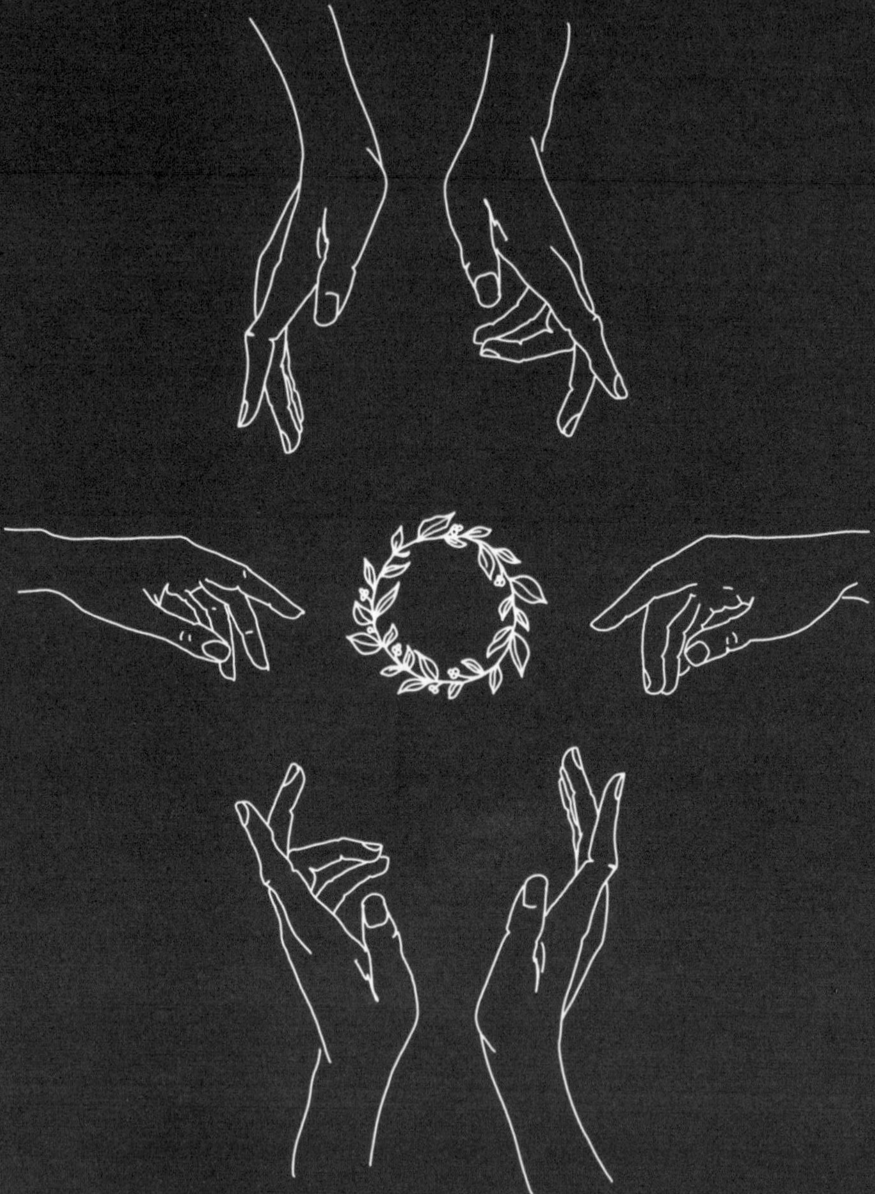

PARTE I

BRUXARIA E MAGIA PRÁTICA

A melhor maneira de descobrir que partes da bruxaria vão exercer mais fascínio sobre você é aprender o suficiente para desenvolver uma boa base em relação a essa arte. Para ser uma bruxa de categoria, você precisa saber um pouco da história da bruxaria, quais são os seus principais valores e crenças, como desenvolver seus próprios poderes mágicos e as várias maneiras de praticar esse ofício. Esses são os tópicos que examinaremos na Parte I.

CAPÍTULO I

COMPREENDA A BRUXARIA

Vamos começar com os fundamentos da Arte das Bruxas. Neste capítulo, vou definir a terminologia básica da bruxaria, explicar o que significa ser bruxa e ensinar um pouco da história que toda bruxa que se preza deve saber.

O QUE É A BRUXARIA?

De acordo com a definição moderna, bruxa é quem pratica bruxaria. A bruxaria não é uma religião. É um ofício – algo que fazemos com as nossas mãos, a nossa mente e a nossa energia.

Acho que minha introdução à ideia de bruxaria ocorreu por meio do adorável filme cult *Abracadabra*. Esse filme é basicamente sobre as irmãs Sanderson – mulheres más e horripilantes que decidem tirar a vida de crianças para permanecerem jovens e lindas para sempre. Essa representação é a interpretação clássica das bruxas: mulheres horrorosas, que matam criancinhas e são cheias de más intenções. Embora essa imagem seja fruto de muitos anos de medo religioso e cultural, não é verdadeira, de forma alguma.

A bruxaria é uma prática que empodera as pessoas e qualquer um pode aprender, cultivar e personalizar. Ela consiste em se afastar do mundano e optar por assumir uma postura de espiritualidade e reverência pela natureza, pela vida e pelas forças energéticas deste mundo. Mas o que faz com que a bruxaria seja simplesmente inebriante é que ela nos faz apreciar o mundo à nossa volta. E não estou me referindo apenas ao que *podemos* ver, mas a *tudo* que existe à nossa volta. A paixão pelos espíritos, pelos sinais, pelo sobrenatural, pelos fenômenos inexplicáveis, pelas conexões misteriosas e pela lei universal de ação e reação. Isso é bruxaria. Bruxaria também é lançar mão das forças naturais, belas e poderosas deste mundo, para criar mudanças. Embora a mídia não esteja completamente errada em suas representações das bruxas – eu adoro minhas cartas de adivinhação tanto quanto Wendy Beauchamp, de *As Bruxas de East End* –, nós, bruxas, não vivemos debruçadas sobre nossos caldeirões, fervendo um lodo verde borbulhante, em rituais macabros. Irmãs Sanderson, estou de olho em vocês! A bruxaria é sobre encontrar o melhor caminho para manipular a energia. A bruxaria (assim como este livro) vai ajudar você a cultivar essas capacidades.

VOCÊ É UMA BRUXA?

> "Ser bruxa é ter os olhos bem abertos e levar todo tipo de rasteira da vida."
> – FIONA HORNE, *WITCH: A MAGICKAL JOURNEY*

Nestes últimos tempos, a palavra "bruxa" assumiu um significado poderoso. Ela não apenas define alguém que pratica a bruxaria, mas também simboliza aqueles da nossa cultura que estão dispostos a permanecer firmes em suas crenças – especialmente quando se trata de direitos humanos. Muitas pessoas de todas as etnias, idades e gêneros estão enfrentando adversidades e afirmando que são bruxas.

Isso quer dizer que você é uma bruxa? Bem, o fato de estar interessada no assunto significa que você, sem dúvida, já pode se identificar como uma delas. Se o título de "bruxa" lhe cai bem e faz você se sentir poderosa ou se você busca provocar mudanças na sua vida usando práticas de magia, sim, você pode se considerar uma bruxa. Existem muitos conceitos errados sobre o que significa ser bruxa, por isso vamos começar esclarecendo alguns deles, antes de descrevermos as características que as bruxas tendem a apresentar em comum.

Paganismo *vs.* Wicca *vs.* Bruxaria

Embora essas três coisas estejam ligadas, elas nem sempre andam juntas. Vamos examinar as diferenças.

- **O paganismo simplesmente declara o que você não é.** De acordo com o *Oxford English Dictionary*, pagão é "a pessoa que adota crenças religiosas diferentes das pregadas pelas principais religiões do mundo". Portanto, pagão é alguém que não segue os ensinamentos de religiões como o cristianismo, o islamismo, o hinduísmo, o budismo, o sikhismo e o judaísmo. Qualquer pessoa que não siga essas religiões, seja ela bruxa ou não, é pagã.

- **A Wicca é uma religião.** Ela se baseia em tradições pré-cristãs, com hierarquias, regras e uma forma de governança.

- **A bruxaria tem a ver com o que você faz.** A pessoa que pratica bruxaria é alguém que busca mudar e manipular a energia de acordo com a própria vontade.

Você pode ser essas três coisas, pode não ser nenhuma delas ou ser uma combinação única das três, de acordo com a sua preferência. Por exemplo, uma bruxa cristã não é nem wiccana nem pagã. Muitas bruxas são ateias. Além disso, existem wiccanas que prestam culto aos deuses, mas optam por não praticar bruxaria. Não importa com o que se identifique, descubra como você se relaciona melhor com essas três palavras, pois isso a ajudará a economizar muito tempo ao escolher seus rituais, livros e outras maneiras de aperfeiçoar a sua prática.

Ideias equivocadas

Como já mencionei, o maior engano que as pessoas cometem é pensar que é preciso ser wiccano para ser bruxo. Isso não poderia estar mais longe da verdade. Você não precisa se dedicar a nenhuma religião para ser uma bruxa. Se assumir o compromisso de aprender a manipular a energia – seja com herbologia*[1], espíritos, rituais ou feitiços, sinta-se à vontade para se considerar uma bruxa!

Outro equívoco é achar que só as mulheres são bruxas e os homens são algo diferente, como magos, feiticeiros ou coisa que o valha. A linguagem é uma estrutura viva e está em constante mudança. Se você, independentemente do seu gênero, quer ser chamado de bruxo – ou mago ou feiticeiro – e essa palavra turbina o seu poder e lhe dá a confiança necessária para realizar seu trabalho, então vá em frente! Ninguém tem o direito de julgar o modo como alguém quer ser chamado.

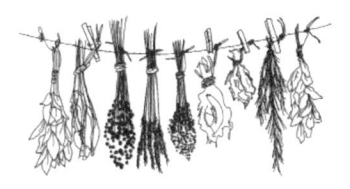

Também ouço muita gente dizer que, para ser uma bruxa de respeito, você tem que memorizar bizarrices como versos latinos antigos; isso simplesmente não é verdade. Reverenciar o legado dos antepassados é uma prática de algumas tradições de bruxaria, mas não é um requisito básico para você ser bruxa. Se acha que fazer encantamentos com rimas a ajuda a entrar num transe meditativo e a se conectar com o universo ou com o mundo espiritual, continue nessa! Se acha que fechar os olhos e falar de improviso e de coração é uma opção muito melhor, saiba que isso é igualmente válido na bruxaria.

Por fim, um equívoco com que muitas vezes me deparo por aí é a crença de que, para ser bruxa, você precisa fazer parte de um coven. Os covens de fato existem e são algo que muitas bruxas almejam, porque são comunidades (e podem realmente ser como

---

[1] Os termos com asterisco são explicados no Glossário do final do livro. (N.T.)

uma família). No entanto, a magia é algo pessoal e encontrar pessoas que a pratiquem exatamente como você é muito difícil. Se tiver a sorte de encontrar uma comunidade assim, eu recomendo que você passe a fazer parte dela, mas não hesite em praticar sozinha também, enquanto se adapta ao trabalho em grupo. Isso não faz de você uma bruxa de categoria inferior!

Na minha opinião, precisamos tomar posse do nosso poder pessoal. Depois que você descobrir o que funciona melhor no seu caso, não deixe que ninguém lhe diga que isso não é apropriado. Siga seus instintos.

Sinais de que você é uma bruxa

Quais são os sinais de que você já pode ser uma bruxa e nem ter se dado conta disso? (Prometo que isso é muito menos assustador do que procurar sintomas de doenças no Google!) Vamos analisar algumas coisas que muitas bruxas acham que têm em comum.

Você era considerada uma "garota estranha". Muitas bruxas contam que, quando eram mais novas, não se entrosavam muito bem com nenhum grupinho. Embora seja verdade que todo mundo se sente meio estranho em algum momento da vida, as bruxas tendem a ver o mundo de uma maneira diferente da maioria das pessoas. A melhor forma de descrever isso é dizer que elas costumam ver o mundo "de fora para dentro". Nas crianças e adolescentes, isso geralmente se manifesta como um interesse por mídias que expressam um ponto de vista diferente do convencional. Por exemplo, você pode gostar de músicas ou filmes alternativos. Ou talvez suas opiniões não coincidam com as de seus colegas e sejam consideradas "bizarras".

A natureza fala com a sua alma. Muitas bruxas se sentem profundamente conectadas com a natureza. Muitas se lembram com carinho da noite em que olharam para a Lua e a *sentiram* pela primeira vez, que abraçaram uma árvore e se deliciaram com sua energia quase palpável ou que experimentaram a sensação indescritível de enterrar os pés na terra. A natureza é uma grande parte do que nos fundamenta como seres humanos, e muitas bruxas se sentem bastante atraídas pelas paisagens naturais. Muitas dizem

Bruxaria e feminilidade

A bruxaria passou a ser associada às mulheres desde que se tornou conveniente persegui-las por causa disso. Embora os homens sempre tenham praticado magia, são as mulheres que pagam o preço por usar seu poder. Mais de 75% das vítimas da caça às bruxas, ao longo da história, eram mulheres. Depois de séculos de morte é que essa energia feminina forte, ruidosa e poderosa passou a tecer os fundamentos das nossas práticas de bruxaria. Por essa razão, a mulher é muitas vezes colocada num patamar superior ao dos seus colegas do sexo masculino em diversas tradições de bruxaria.

Dizem que as mulheres são regidas pela Lua, pois as fases lunares têm um impacto direto sobre o eu emocional e o corpo físico femininos; basta pensarmos no ciclo menstrual. As mulheres também são criadoras de vida. É por isso que se dava tanta ênfase ao útero nos cultos pré-cristãos. Estatuetas de mulheres curvilíneas e voluptuosas foram criadas por muitas culturas, pois o corpo feminino é o símbolo máximo da vida e da fertilidade.

Por mais belo e inspirador que seja pensar na fertilidade como uma fonte da magia, não podemos ficar presas a essa ideia. Nossa magia e nossa identidade como bruxas não vêm dos nossos órgãos genitais – todas as pessoas são capazes de usar esse tipo de energia igualmente.

A energia feminina é muitas vezes chamada de "energia lunar", por causa da ligação entre as mulheres e a Lua. Essa energia é definida como nutriz, emotiva, amorosa, altruísta e reconfortante. Inversamente, a energia masculina é conhecida como uma "energia solar", ou seja, baseada no Sol. Esse tipo de energia é ardente, apaixonado, impulsivo, ambicioso e orientado para a ação. Eu já vi alguns autores afirmando que as mulheres que possuem qualidades solares são inferiores ou precisam ser redirecionadas, e que os homens não são dignos de trabalhar com a energia lunar. Mas eu digo que já avançamos muito como sociedade para nos deixar levar por esse tipo de preconceito e ódio.

Seja você uma mulher durona, que exala energia solar, um homem deslumbrante, que irradia energia lunar, ou alguém fora dos padrões, com uma energia própria, você pode ser uma bruxa ou um bruxo na plenitude do seu poder e da sua força.

que estar em meio à natureza as revitaliza e tranquiliza. As bruxas também relatam muitas vezes que os animais parecem confiar mais nelas do que em outros seres humanos.

Você sempre põe a culpa na Lua. Os cientistas provaram que a Lua afeta nossa energia, nosso corpo e nossa mente no dia a dia. Assim como têm uma ligação especial com a natureza, as bruxas parecem sentir mais a influência da Lua do que as outras pessoas. Quando você se sente meio "no mundo da lua" ou percebe que suas colegas de ofício estão se comportando de maneira diferente do habitual, já se pegou examinando o calendário, para ver em que fase a Lua está? Ou você já olhou para a Lua e concluiu que não teria uma boa noite de sono apenas com base na fase em que ela está?

Você sente picos de energia no ambiente. Quando seu espaço físico está sobrecarregado de energia, você sente o poder fluindo dentro de você. Tempestades com raios são um exemplo perfeito. Você pode sentir a energia se acumulando nas mãos, no peito ou nas suas vísceras, em momentos como esse.

Você é sensível à energia das pessoas. A energia desempenha um grande papel na bruxaria. Você pode se sentir sufocada num supermercado ou boate lotada por causa de todas as energias diferentes que sobrecarregam o lugar. Além da energia do ambiente, você pode ser especialmente receptiva aos sentimentos e preocupações das pessoas. Naturalmente, isso pode deixá-la emocionalmente sobrecarregada, por isso as bruxas lançam mão de uma variedade de métodos para se proteger dessa sobrecarga de energia. Abordaremos isso mais adiante neste livro.

Você pode se sentir atraída pelo macabro. Em razão da perspectiva espiritual das bruxas, muitas delas veem a morte como uma transição natural. Você pode achar interessantes coisas que a maioria das pessoas considera "assustadoras", como caveiras, cemitérios, estilos góticos e outras coisas consideradas mórbidas.

Você aceita suas capacidades psíquicas quando as percebe. Muitas bruxas têm uma capacidade natural para interagir com o mundo espiritual. Em razão da nossa sensibilidade mais aflorada para perceber as energias, estamos mais propensas a aceitar quaisquer capacidades psíquicas que possamos ter. Uma manifestação comum disso é ver, sentir ou ouvir os espíritos. A maioria das bruxas parece achar isso mais interessante do que assustador, embora cada uma tenha sua própria experiência pessoal, é claro. Eu acredito que todo mundo tenha algum tipo de capacidade psíquica, mas as bruxas, com sua sensibilidade percebem as energias, notam essa capacidade muito antes do que a maioria das pessoas e procuram desenvolvê-la.

Terminologia e tipos de bruxas

Muitos de nós gostaríamos de viver num mundo sem rótulos, no entanto, eles também podem ser uma maneira muito eficaz de reivindicarmos nossa identidade e domínio. Encontrar uma palavra que defina quem você é ou como se sente pode ser bastante fortalecedor. Com isso em mente, procure não se apegar muito aos rótulos apresentados a seguir, principalmente porque vou mencionar apenas alguns deles. Você pode adorar praticar bruxaria culinária durante o dia e ser uma bruxa glamorosa e sedutora à noite. Sua magia é tão bonita e única quanto você é.

BRUXA ECOLÓGICA A bruxa ecológica trabalha principalmente com a natureza e as ervas. Essa categoria abrange as bruxas que praticam magia na cozinha, na lareira, no jardim e com as ervas. Essas práticas se concentram no uso do poder das plantas e dos alimentos para produzir mudanças por meio das suas propriedades energéticas.

BRUXA GLAMOROSA A bruxa glamorosa usa suas habilidades para chamar ou desviar a atenção. Esse artifício é ideal para a magia de sedução, bem como para se misturar na multidão quando necessário. As bruxas glamorosas lançam mão de todo o poder do seu arsenal, composto de cores, aromas, ervas e óleos, para manipular o modo como são vistas.

BRUXAS HEREDITÁRIAS Uma bruxa hereditária usa tradições que foram transmitidas ao longo de gerações. Esse termo pode incluir tradições familiares, curandeirismo, vodu, *hoodoo*, *stregheria*, *brujería*, dentre outros. Essas práticas costumam ser focadas na bruxaria prática, criando mudanças na vida das pessoas e trabalhando com espíritos ou ancestrais.

BRUXAS TRADICIONAIS Uma bruxa tradicional segue caminhos estruturados como a Wicca Alexandrina ou a Wicca Gardneriana. Esses caminhos são considerados religiões e seguem diretrizes específicas, baseadas numa linhagem (o que significa que as tradições são transmitidas ao longo de gerações de sacerdotisas wiccanas – como uma árvore genealógica mágica). Esse tipo de caminho é ideal para quem gosta de magia cerimonial e prefere seguir regras e uma estrutura.

BRUXAS ECLÉTICAS Uma bruxa eclética só aplica o que ela acha que funciona, deixando de lado o que não funciona para ela. Pode adorar um ritual de uma religião tradicional e desconsiderar outras diretrizes de que não gosta. Isso é ideal para bruxas que se sentem empoderadas ao explorar todos os caminhos da bruxaria.

NECROMANTES As bruxas necromantes se comunicam com os espíritos e são hábeis em práticas de adivinhação. Os trabalhos de magia dessas bruxas normalmente contam com a assistência dos espíritos.

O que há por trás de um nome: warlocks

Warlock é um termo do inglês antigo que designava um traidor ou impostor. Por esse motivo, muitas bruxas se encolhem diante dessa palavra, usada para designar praticantes de magia do sexo masculino. Devido à sua etimologia, geralmente não é considerado de bom-tom chamar um bruxo de *warlock*. Nos últimos tempos, porém, essa palavra começou a ser usada como sinônimo de feiticeiro. Portanto, se um bruxo se sente bem sendo chamado de feiticeiro, também pode usar a palavra *warlock*, pois os rótulos adquirem novos significados quando as pessoas os usam com outros sentidos.

A HISTÓRIA DA BRUXARIA

> "Bruxas não são monstros; são apenas mulheres... São mulheres fodonas, que gozam e riem e se divertem à noite, e é por isso que todo mundo quer atear fogo nelas, porque morrem de inveja..."
>
> — ILANA GLAZER, EPISÓDIO "BRUXAS", DE BROAD CITY – A CIDADE DAS MINAS

Embora possa parecer chato estudar a história da bruxaria, lembre-se de que conhecimento é poder. Eu garanto que um dia alguém vai abordá-la com um monte de informações factualmente incorretas sobre a bruxaria. Se você conseguir identificar o que é falso, saberá em quem confiar e em quem investir seu tempo.

Ao longo da história registrada, as bruxas foram reverenciadas, mas também perseguidas. Para aproveitar de maneira plena a possibilidade de praticar a bruxaria abertamente hoje em dia, precisamos olhar para trás e ver pelo que passamos. Dos julgamentos das bruxas de Salem muitas pessoas sabem, mas infelizmente existiram muitas outras caçadas mortais às bruxas.

A linha do tempo a seguir não está completa, mas apresenta alguns momentos importantes que você precisa conhecer.

A história da bruxaria

197 EC

Criou-se a divisão entre homens e mulheres. Tertuliano, um filósofo cristão, afirma, em *De Cultu Feminarum*, que as mulheres são inerentemente inferiores aos homens e também a porta de entrada do diabo para o nosso mundo.

900 EC

As mulheres são consideradas consortes do diabo. Um documento (*canon Episcopi*) é registrado por Regino de Prüm, um monge alemão, afirmando que as mulheres podem ser pervertidas pelo diabo e andar à noite com a deusa Diana.

1022 EC

A primeira mulher é oficialmente executada por heresia; o estereótipo da bruxa é estabelecido. Rei Roberto II da França aprova o julgamento de mais de uma dezena de indivíduos, inclusive uma mulher, por heresia religiosa. Durante esse julgamento, ela é acusada de praticar orgias, adorar entidades demoníacas e matar crianças, o que define o estereótipo da bruxa.

1231 EC

A morte por "falta de fé" é regulamentada pela Igreja. O papa Gregório IX decreta a execução como punição para quem se recusa a aderir à fé *correta* (cristianismo), instituindo a Inquisição Papal.

1324 EC

Ocorre a primeira caça às bruxas documentada. Alice Kyteler, uma irlandesa abastada, é acusada de usar magia negra para matar seus maridos. Ela é denunciada por praticar a arte das trevas, ter relações sexuais com demônios e usar "loções e feitiços" com suas amigas para conjurar maus espíritos. Esse julgamento leva pelo menos onze pessoas próximas a Kyteler a serem acusadas e julgadas. Algumas foram executadas, mas Kyteler escapou da sentença, fugindo da Irlanda.

1400–1700 EC

Em torno de 500 mil pessoas são executadas como bruxas em toda a Europa. Depois da primeira caça às bruxas e a popularização do *Malleus Maleficarum*, a aversão às bruxas ganha impulso na Europa. Das pessoas executadas, 85% eram mulheres.

1951 EC

A Inglaterra institui sua primeira lei antibruxaria. Esse país revoga a lei que regulamentava a prisão dos acusados de bruxaria. Este é o acontecimento que marca o fim do temor às bruxas na Europa e que incentiva Gerald Gardner a ir a público declarar que ele mesmo era bruxo e apresentar a religião Wicca ao mundo, abrindo passagem para muitos movimentos modernos wiccanos e de bruxaria.

1486 EC

O *Malleus Maleficarum* é publicado pela primeira vez. Esse livro de Heinrich Kramer (cujo título é traduzido como *O Martelo das Bruxas*) torna-se o guia mais popular para encontrar e torturar bruxas. A obra infame se torna a base para muitas superstições relacionadas às bruxas.

1692–1693 EC

Mais de 200 pessoas são acusadas nos julgamentos das bruxas de Salem. A histeria em massa toma conta da cidade de Salem, Massachusetts (EUA), quando mais de 200 mulheres e homens são acusados de bruxaria e 19 são, por fim, executados.

Paganismo e os primórdios da bruxaria

> "O termo 'pagão' vem do latim *paganus*, que significa morador do campo, e é derivado de *pagus*, palavra latina que designa aldeia ou distrito rural."
>
> — MARGOT ADLER, *DRAWING DOWN THE MOON*

O termo "pagão" tem certas conotações negativas hoje em dia (embora isso esteja começando a mudar), mas nem sempre foi assim. Na verdade, o paganismo era apenas a maneira como os seres humanos praticavam a espiritualidade e a religião antes de o cristianismo existir. O paganismo era praticado por pessoas comuns, impulsionadas pelo desejo de atender às suas necessidades humanas comuns por comida, calor, segurança e sobrevivência.

O paganismo manifestava-se em rituais e costumes como este: se uma tribo estava faminta e desesperada por comida, as pessoas encenavam cenas de caça usando peles de javali ou adereços similares, esperando que isso estimulasse o ato real a acontecer. Esse era o jeito primitivo de incentivar a natureza a seguir na direção que garantisse a sobrevivência da tribo.

Com o tempo, esses pequenos rituais se tornaram celebrações simbólicas e tradições ligadas às necessidades tribais, e ficaram marcados na Roda do Ano* (termo pagão moderno para descrever o calendário de festividades). A Roda concentra-se nos equinócios sazonais e nos pontos médios de cada estação. Essas datas festivas eram um incentivo a todos, para que enfrentassem com bravura a estação seguinte. Existem, porém, muitos mal-entendidos com respeito a essas celebrações pagãs. Já ouvi pessoas dizerem, em tom de brincadeira, que elas são estranhas, até exageradas, mas, se você entender por que surgiram, terá condições de compreender seu significado mais profundo. Pense em nossos antepassados, em meio ao frio enregelante do inverno, sentados ao redor do fogo e sonhando com o calor dos dias de verão. Para eles, a promessa do futuro era algo a se celebrar e a esperança que sentiam era um recurso para garantir sua sobrevivência. Do mesmo modo, as festividades de outono não eram um momento de se exibir aos amigos ou exagerar na comida, pois eles estavam consumindo os recursos finais do verão, antes de o resto da comida apodrecer...

A RODA DO ANO

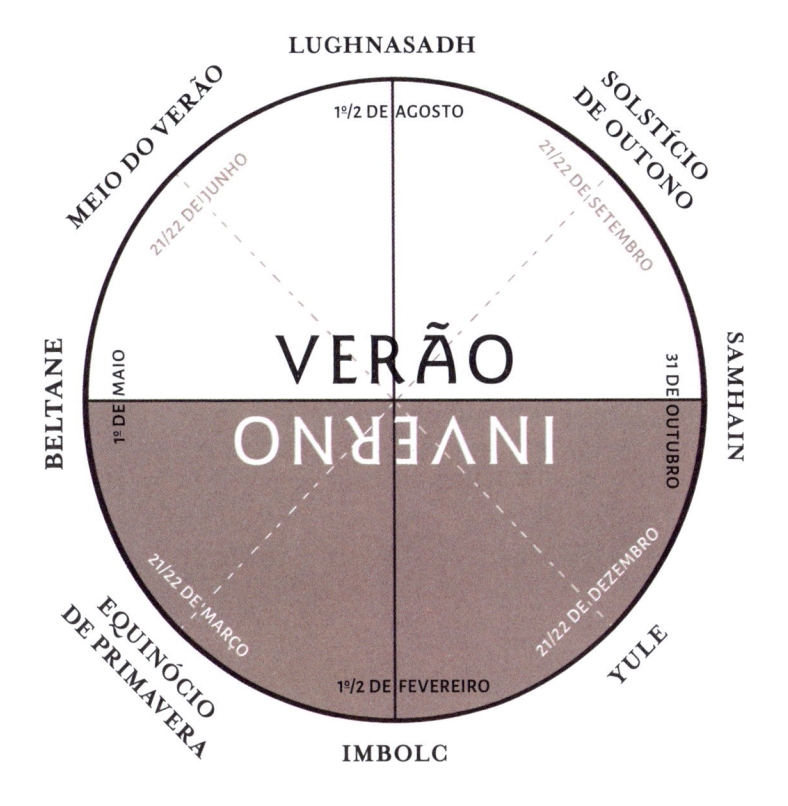

- LUGHNASADH — 1º/2 DE AGOSTO
- SOLSTÍCIO DE OUTONO — 21/22 DE SETEMBRO
- SAMHAIN — 31 DE OUTUBRO
- YULE — 21/22 DE DEZEMBRO
- IMBOLC — 1º/2 DE FEVEREIRO
- EQUINÓCIO DE PRIMAVERA — 21/22 DE MARÇO
- BELTANE — 1º DE MAIO
- MEIO DO VERÃO — 21/22 DE JUNHO

VERÃO / INVERNO

Obs.: Datas de acordo com as estações do Hemisfério Norte. No Hemisfério Sul, essas datas são alteradas para coincidir com as estações.

Os pagãos da atualidade ainda comemoram essas datas ao longo do ano, para lembrar as suas origens, agradecer pelos recursos, que hoje podemos desfrutar com tanta fartura, e se conectar com a natureza. Os trabalhos de magia, rituais e celebrações que muitas bruxas realizam seguem esse calendário pagão. E isso faz muito sentido quando você pensa a respeito: de fato, parece melhor lançar feitiços para concluir coisas, no inverno; feitiços para criar coisas novas, na primavera; e feitiços para propiciar a abundância, no verão e no outono.

A ascensão do cristianismo

No início do século III EC, durante o reinado do imperador romano Constantino, o cristianismo passou a ser a religião dominante do Império. Na tentativa de difundir sua religião, os cristãos demonizaram antigos rituais e tradições pagãs, o que significava que os praticantes do paganismo (ou de outras formas de politeísmo) tornaram-se inimigos do Império Romano. A Igreja começou a perseguir quem se envolvia em atos considerados "anticristãos", chegando ao ponto de executar essas pessoas. Foi nessa época que o termo "herege" se popularizou. A perseguição e a caça aos hereges se prolongaram por séculos, resultando em centenas de milhares de mortes.

Existe um consenso de que os primeiros cristãos adaptaram suas crenças aos solstícios já celebrados para que a transição de uma religião para outra fosse mais fácil. É por isso que o solstício de inverno foi associado ao Natal e o equinócio da primavera se tornou a Páscoa.

A IDADE MÉDIA

A expansão do cristianismo e a opressão das outras religiões continuaram, impávidas, até por fim desencadear um pânico moral generalizado. Os hereges vilificados passaram a ser conhecidos como bruxos, que depois foram associados a práticas satânicas, porque eram vistos como uma ameaça ao cristianismo. A discriminação entre os sexos também aumentou nessa época. De acordo com alguns historiadores, durante a Idade Média, as atitudes em relação às mulheres mudaram drasticamente. A ideia de que as mulheres eram mais fracas e mais suscetíveis à persuasão do demônio passou a ser predominante. Não demorou muito para que esses temores culturais contaminassem as leis e o sistema judicial. Em 1022, o rei Roberto II da França presidiu julgamentos contra mais de uma dezena de indivíduos, acusados de praticar heresia religiosa. Essa foi a primeira vez que alguém foi julgado por ser "contra a Cristandade".

Cerca de duzentos anos depois, o papa Gregório IX decretou que os indivíduos que se recusassem a praticar a fé "correta" deveriam ser executados. Essas leis não apenas deram substância aos receios difundidos de corrupção pelo diabo, como também sancionaram a matança de pessoas por esse motivo.

Quando as pessoas falam sobre as primeiras caças às bruxas, uma das histórias que vêm à mente é a de Alice Kyteler. Ela foi uma das primeiras pessoas condenadas por bruxaria e a primeira na Irlanda. Alice Kyteler era uma mulher rica, que sobreviveu a seus quatro maridos. A expectativa de vida não era muito alta naqueles dias, então isso, na verdade, não era muito incomum. No entanto, o fato de uma mulher com dinheiro e poder não ter um homem para controlá-la foi suficiente para iniciar os boatos. Ela foi acusada de bruxaria e de praticar a arte das trevas com suas amigas. Alegaram ainda que ela tinha relações sexuais com demônios. Uma mulher viúva e rica, com muitas amigas e amantes demoníacos? Esse não era o tipo de rumor que a Igreja deixaria passar em brancas nuvens. Alice supostamente também lançava feitiços para evocar espíritos malignos. Tudo isso levou ao julgamento da viúva, que por sua vez levou ao julgamento de pelo menos onze pessoas próximas a ela. Alice foi considerada culpada, mas na véspera do dia em que seria executada, ela fugiu da Irlanda.

Como seria de esperar, esses julgamentos provocaram uma bola de neve que culminou na Era das Fogueiras.

A ERA DAS FOGUEIRAS E O QUE A DEFLAGROU

A Era das Fogueiras foi o período entre os séculos XV e XVIII, quando milhares de bruxas foram julgadas e queimadas na fogueira, em toda a Europa.

Em 1486, foi publicado um livro chamado *Malleus Maleficarum* (traduzido como *O Martelo das Bruxas*), de autoria de Heinrich Kramer e Jacob Sprenger. Esse livro foi o principal guia para que a Igreja encontrasse e torturasse bruxas. Um *best-seller* do seu tempo, ele perdeu apenas para a Bíblia em termos de vendas, durante quase duzentos anos. Como *Crepúsculo*, de Stephenie Meyer, o *Malleus Maleficarum* capturou a imaginação do público e foi usado até mesmo pelas cortes reais para processar bruxas durante os séculos XVI e XVII. E, até hoje, ele ainda serve como base para a maioria das superstições contra as bruxas.

É difícil estimar os números exatos, mas acredita-se que de 200 mil a 500 mil pessoas foram executadas na Europa durante a Era das Fogueiras, e 85% das pessoas executadas eram mulheres.

OS JULGAMENTOS DAS BRUXAS DE SALEM

Em 1692, mais de duzentas pessoas foram acusadas de praticar bruxaria na colônia inglesa de Massachusetts, nos Estados Unidos. Dezenove foram consideradas culpadas – catorze mulheres e cinco homens – e executadas por enforcamento. Cinco outras morreram sob custódia (uma em resultado de tortura). Como a Nova Inglaterra foi colonizada por refugiados da Europa que buscavam liberdade da perseguição religiosa devido às suas crenças não ortodoxas, muitas pessoas se perguntam como essa injustiça pode ter ocorrido. É importante lembrar que a vida nas colônias era extremamente difícil. Uma colheita ruim significava que ninguém teria comida, por isso os puritanos eram especialmente suscetíveis a qualquer coisa que pressagiasse azar. Era reconfortante presumir que toda a má sorte e tragédias que os atormentava eram provocadas por forças do mal e que estava ao alcance deles oprimir o poder de Satanás.

Figuras históricas que as bruxas precisam conhecer

Alice Kyteler (1280-?): Alice foi uma das primeiras pessoas julgadas por bruxaria num tribunal. Esse fato levou a outros julgamentos de bruxas e resultou em várias mortes, desencadeando uma série de eventos que levou à Era das Fogueiras.

Papa Inocêncio VIII (1432-1492) e Heinrich Kramer (1430-1505): O papa Inocêncio VIII foi o líder religioso que se aliou a Heinrich Kramer a fim de começar a investigar as alegações de feitiçaria. Ele se esforçou para que Kramer tivesse autoridade para perseguir e investigar as bruxas.

Mary Dyer (1611-1660): Mary era uma puritana americana que questionava as ideias da Igreja sobre como as pessoas deveriam prestar culto a Deus. Ela se tornou uma quacre e passou a pregar que qualquer um poderia se comunicar com Deus. A Igreja a ameaçou e a obrigou a deixar a Nova Inglaterra. Ela fez isso por um tempo, mas voltou e foi executada. A morte de Mary foi um dos eventos que levou à separação entre Igreja e Estado.

Margaret Murray (1863-1963): Vista posteriormente como um ícone do movimento feminista, Margaret Murray foi uma acadêmica que estudou antropologia, arqueologia e folclore. Ela escreveu artigos sobre as bruxas e a caça às bruxas para revistas respeitadas. Embora alguns questionassem seu trabalho, Murray ficou conhecida como a "Avó da Wicca".

Gerald Gardner (1884-1964): Depois de a última lei contra a bruxaria ter sido revogada na Grã-Bretanha, em 1951, Gerald Gardner, fundador da Wicca, foi a público, como bruxo, para difundir essa nova religião baseada nas antigas tradições celtas.

Margot Adler (1946-2014): Durante três décadas, Adler foi repórter da estação de rádio norte-americana NPR. Na década de 1970, ela começou a se interessar pelo mundo da Wicca e da bruxaria, tornando-se bruxa e publicando um dos livros mais bem pesquisados e respeitados sobre o assunto: *Drawing Down the Moon*.

Nos dias de hoje

A opinião da sociedade em relação à bruxaria realmente começou a mudar nas décadas de 1960 e 1970. Gerald Gardner abriu uma nova vereda para a bruxaria – uma religião chamada Wicca –, que era semelhante às religiões estruturadas a que as pessoas estavam acostumadas, o que a tornou mais acessível. Logo depois, acadêmicos e jornalistas, como Margot Adler, começaram a escrever e falar publicamente sobre a bruxaria com um certo respeito.

Nas décadas de 1960 e 1970, com os movimentos civis de direitos humanos já em pleno vapor, a bruxaria passou a ser vista como uma espécie de rebeldia à sociedade opressora. A bruxaria se tornou um espaço seguro e um veículo de empoderamento das mulheres, em particular.

A década de 1980 deu início a uma era de retratos muito positivos da bruxaria na mídia, primeiramente com filmes como *O Poder Mágico* e *As Bruxas de Eastwick*. Ambos apresentavam a bruxaria de uma maneira mais favorável do que era feito antes. As bruxas tinham poder e eram inteligentes, sedutoras, adoráveis, além de serem até interpretadas por ícones como Susan Sarandon e Cher! A bruxaria começou a dominar a grande mídia no fim dos anos 1990 e no início dos anos 2000. *Jovens Bruxas; Sabrina, Aprendiz de Feiticeira; Da Magia à Sedução; Jovens Bruxas; Buffy, a Caça-Vampiros* e outros retrataram a magia como algo interessante e desejável. *Jovens Bruxas* tornou a magia acessível a qualquer pessoa, fazendo com que as adolescentes se sentissem capazes de se vingar de estupradores e agressores. Depois, começamos a ver novas interações emocionantes. A série *Buffy, a Caça-Vampiros*, nos apresentou Willow, uma inteligente bruxa homossexual, que usava seus poderes para combater o mal. *Da Magia à Sedução* nos mostrou o poder da irmandade e nos ensinou que negar quem você é não traz a felicidade.

Embora algumas representações da mídia tenham errado o alvo, em sua maior parte elas difundiram ideias valiosas. O filme *Jovens Bruxas*, por exemplo, foi criticado porque as protagonistas pronunciavam termos incorretamente e deturpavam certas divindades, mostrando-as como demônios. No entanto, no geral, eu diria que esse filme fez muito bem ao movimento das bruxas. Ele pôs fim à mentalidade "nós contra eles", que havia muito tempo dividia as bruxas e a sociedade tradicional. Por exemplo, uma das bruxas de *Jovens Bruxas* usa regularmente um crucifixo enquanto combate demônios com sua magia. Assim como todas as outras séries e filmes, este demonstrou que as bruxas podem coexistir com não bruxos.

A maior mudança nos tempos modernos, porém, foi o modo como as principais igrejas começaram a ver a bruxaria. Em vez de simplesmente nos tolerar, parece que agora elas perceberam que não têm escolha a não ser nos aceitar. Depois que entramos em cena, elas não podem mais segurar nossas rédeas! Temos a sorte de viver numa época em que, na maioria dos lugares, é seguro praticar bruxaria.

Em 2014, uma empresa norte-americana de pesquisas estimou que entre 1 e 1,5 milhão de pessoas nos Estados Unidos se identificavam como pagãs, wiccanas ou bruxas, e acho seguro dizer que esse número cresceu desde então. Agora vemos bruxas em todos os lugares, tanto na vida real quanto nas obras de ficção. Vemos bruxas sem medo de expor o que são – seja no Instagram ou no mundo real. Bruxas e católicos agora se reúnem nas cafeterias de Nova Orleans; wiccanos e sacerdotes do vodu se reúnem para compartilhar informações.

SEITAS E PRÁTICAS DE BRUXARIA TRADICIONAL

Há pouco tempo, houve uma explosão de bruxas ecléticas – bruxas que não sentem necessidade de pertencer a um grupo. De uma maneira maravilhosa, isso está dificultando o hábito das pessoas de nos dividir. Estamos nos tornando um grande, maravilhoso e inigualável caldeirão mágico do bem. Dito isso, se você estiver interessada na Wicca e na bruxaria tradicional, existem diferentes grupos sobre os quais você pode pesquisar:

- **Wicca Gardneriana**: Nos anos 1950, Gerald Gardner trouxe a Wicca a público quando a última lei contra a bruxaria, na Inglaterra, foi revogada. Ele alegou ter sido iniciado como wiccano na década de 1930. E começou sua própria seita, chamada Wicca Gardneriana, que se baseia no sistema de covens. Nos covens, há posições hierárquicas, como a de Sumo Sacerdote e de Alta Sacerdotisa. Os gardnerianos também celebram um Deus e uma Deusa, e os rituais normalmente não são abertos àqueles que não são membros da tradição.

∴ **Tradição Feri:** Fundada na década de 1960, por Victor e Cora Anderson, a Tradição Feri surgiu na Califórnia e se concentra na sensualidade e no cuidado espiritual do corpo e da alma. Em comparação com outras tradições, ela também demonstra mais flexibilidade em relação à identidade de gênero e sexualidade dos membros, algo que muitos achavam necessário na comunidade wiccana da época em que esse ramo foi fundado. As bruxas dessa prática adotam crenças de muitas outras religiões e tradições culturais, incorporando elementos diversos como mitologia cristã, trabalho de conjuração e mitologia grega, entre outras coisas.

∴ **Wicca Alexandrina:** Fundada por Alex e Maxine Sanders na década de 1960, a Wicca Alexandrina tem práticas que se concentram na polaridade das energias masculina e feminina. Com grande ênfase na magia cerimonial, o coven é um aspecto importante (e obrigatório) dessa tradição. Para fazer parte da Tradição Alexandrina, é preciso ser iniciado e os membros trabalham de acordo com um esquema de graduações. Semelhante à Wicca Gardneriana, as práticas únicas dessa tradição são mantidas em segredo pelos seus membros.

∴ **Wicca Diânica:** Homenageando a deusa romana Diana, essa tradição difere das anteriores pelo fato de seus adeptos reverenciarem apenas as deusas e não um deus. Em geral, os covens diânicos são apenas para mulheres. A Wicca Diânica adotou a magia popular folclórica, que normalmente não se encontra entre as práticas tradicionais wiccanianas.

CAPÍTULO 2

CRENÇAS E VALORES BÁSICOS DA BRUXARIA

Agora que você já conhece os fundamentos da história das bruxas, vamos investigar os seus sistemas de crença e valores básicos.

A REVERÊNCIA AO MEIO AMBIENTE E À NATUREZA

A natureza e o meio ambiente são profundamente importantes na bruxaria e é por isso que o ato de reverenciá-los e de explorar suas maravilhas é o alicerce de muitas crenças e práticas das bruxas. A razão por que a natureza desempenha um papel tão grande na arte das bruxas é o fato de ela fornecer a energia que usamos em feitiços, rituais, cerimônias e trabalhos espirituais. Essa energia é a base que sustenta toda a bruxaria, independentemente da religião ou tradição em que está fundamentada.

Nós já mencionamos que bruxaria é sinônimo de manipulação de energia. Toda energia, por sua vez, provém do mundo ao nosso redor – seja a energia que obtemos ao ingerir os alimentos; a energia de uma tempestade, que cria correntes elétricas como os raios; ou a energia do Sol, que nutre toda a vida. A energia está à nossa volta e em nosso ambiente o tempo todo.

Imagine-se numa praia, de frente para o mar. Sinta a brisa que entra pelas suas narinas, o sal na sua língua, o cheiro de maresia flutuando em sua direção e o ar fresco entrando nos seus pulmões. Sinta esses elementos inebriando seus sentidos. Bruxaria significa captar todas essas sensações e usar as maravilhas do meio ambiente e da natureza na sua vida.

Além de energia, a natureza nos fornece muitos ingredientes. Os seres humanos se tornaram mestres no uso dos recursos da Terra para se alimentar e criar remédios, mas as bruxas deram um passo adiante, encontrando maneiras inesperadas e poderosas de usar itens orgânicos para fazer magia. Elas costumam usar ervas para criar óleos, chás e tinturas, sem mencionar itens mais casuais. Conheço uma ou duas bruxas que mastigam alecrim para aliviar uma leve dor de cabeça.

Embora, para as bruxas, possa parecer estranho ver os animais apenas como parte da natureza (afinal, os animais de estimação são para nós como membros da família), eles são outra extensão importante da Mãe Natureza. Os animais muitas vezes atuam como parceiros nos trabalhos de magia – e podem se tornar totens dos quais extraímos inspiração e energia.

O clima, por fim, também representa uma grande parte da bruxaria. Ele pode ser belo, mas também destrutivo. Rituais, danças e cânticos são usados há séculos para controlar o clima. Entre as bruxas, existe um grande respeito pela chuva, pelo vento e pelo Sol. Elas costumam coletar água da chuva ou neve fresca para usar essa energia bruta da terra em seus trabalhos de magia.

Quando se trata de natureza, normalmente organizamos os elementos em cinco categorias: Terra, Ar, Fogo, Água e Espírito.

A *Terra* é o elemento mais resistente. Sabemos que, se afundarmos os pés no lodo, não vamos a lugar nenhum. Esse elemento proporciona estabilidade, cura, paz, aterramento*, relaxamento, além de ser a mãe que nos dá sustento, protegendo-nos de qualquer coisa que possa querer nos derrubar. Feitiços que usam o elemento Terra normalmente são para cura, relaxamento, libertação e prosperidade.

O *Ar* representa a nossa mente. Se nosso corpo está ligado ao elemento Terra, nossa mente está livre para ir aonde quiser. O ar é essencial para nós, mas também pode ser traiçoeiro quando se torna muito poderoso (pense numa ventania ou no ar cheio de fumaça). Assim como acontece com a nossa saúde mental, o equilíbrio desse elemento é fundamental. Feitiços que lançam mão do elemento Ar são associados à liberdade, à mudança, ao conhecimento e à saúde mental.

O *Fogo* simboliza calor e paixão – as duas coisas deste mundo que nos impulsionam para a frente, que não nos deixam desistir de lutar pelo que queremos na vida e por aquilo em que acreditamos. Se a Terra e o Ar são passivos, o Fogo e a Água são ativos. Eles se movimentam, destroem e enchem nossa vida de emoção. Feitiços que usam o elemento Fogo são para a paixão, o amor, o movimento, a intensidade e o poder.

A *Água* é o nosso elemento emocional, aquele que tem tudo a ver com a transformação e a expressão. Conectado com a nossa capacidade de limpar e purificar, usamos o elemento Água para aumentar nossa criatividade e mostrar ao mundo quem realmente somos. Feitiços que usam o elemento Água são para a transformação, a purificação, a emoção, a limpeza e a criatividade.

Por fim, o elemento *Espírito* é aquele que não podemos tocar nem ver. É o que torna este mundo tão mágico e misterioso. Sem o Espírito, não existiria alma, nem adivinhação, nem conexões com outros planos e mundos. O Espírito é o epítome da bruxaria, e sem ele, nada mais teria significado para nós.

A CELEBRAÇÃO DA FERTILIDADE E DA SEXUALIDADE

A sexualidade é uma parte importante da bruxaria, tanto em termos da fertilidade da Terra como do corpo da própria bruxa. Explorar a sexualidade e os ciclos orgânicos é essencial para a compreensão do que é sagrado na bruxaria.

A fertilidade da Terra

Testemunhamos, a cada ano, a capacidade de renascimento da Terra. Vemos a transição do frio do inverno para o crescimento reinante na primavera. Desde o início dos tempos, as pessoas ficam admiradas com essa forma básica de ressurreição. Com as bruxas não é diferente. Descobrimos maneiras de aproveitar a energia deste planeta fértil, e nós a incorporamos ativamente à nossa prática.

A terra do nosso planeta contém microrganismos que compõem quase tudo de que precisamos para viver. As árvores que usamos para nos dar abrigo e as plantas que nos servem de alimento vêm dessa terra. Até o sangue e os ossos de nossos ancestrais fazem parte dessa terra. Você pode ver agora por que a Terra representa um papel tão importante na bruxaria? Ela é o útero supremo da existência tal como a conhecemos. Tudo pode nascer desse útero e essa é a inspiração por trás de muitos rituais e celebrações.

Fertilidade humana e sexualidade

Assim como a Terra possui a capacidade de criar e recriar a vida, o corpo humano também tem. As células do nosso corpo morrem e se regeneram, e nossos ossos podem se quebrar e se consolidar novamente. A magia que vemos na regeneração da terra é a mesma magia que vemos em nós mesmas. De certo modo, somos miniplanetinhas ambulantes!

Além do rejuvenescimento que prolonga a nossa própria vida, o corpo feminino apresenta ciclos contínuos de renovação. O útero da mulher sangra no fim de cada ciclo fértil e, cerca de 28 dias depois, uma nova vida pode ser gerada. Isso é verdadeiramente um milagre, mesmo sendo algo a que nos acostumamos a ponto de nem darmos mais valor. A bruxaria, porém, torna sagrado esses atos de geração de vida e criação.

Criar vida e ajudar a moldar essa vida já é uma magia por si só, mas outro aspecto dessa magia é a energia criada por meio da nossa sexualidade. Todos nós (ou pelo menos muitos de nós) já conhecemos a energia palpável que se faz presente quando alguém nos atrai ou quando outra pessoa se sente atraída por nós. Existe, do mesmo modo, a energia produzida durante os encontros sexuais. A utilização dessa energia é chamada de magia sexual. Nesse tipo de magia, a bruxa aproveita a energia gerada durante encontros sexuais, impulsionando-a para o mundo com o intuito de criar mudança e movimento. A magia sexual, porém, não precisa envolver outra pessoa. Ela pode ser gerada na masturbação, assim como nas relações sexuais ou em outros atos.

Quanto mais rápido o coração da bruxa bater e mais intenso for o ato sexual, mais energia se acumula em torno da bruxa. Ela então direciona essa energia para o trabalho de magia ou para as intenções em que está focada no momento.

Com a sexualidade, a fertilidade e a regeneração humana normal, possuímos a capacidade de criar, transformar e reinventar. A bruxaria tem essas capacidades em alta conta e procura honrá-las, assim como honramos esses fenômenos ao testemunhá-los na natureza.

REVERÊNCIA AOS MISTÉRIOS DO COSMOS

Muitas bruxas têm paixão pela Lua, pois ela é um símbolo dos nossos sonhos e desejos. Fazer magia em torno de algo tão belo, tão grandioso e tão fora do nosso alcance é uma ótima maneira de avançarmos rumo aos nossos objetivos. Apesar de a Lua ser um símbolo muito amado na comunidade das bruxas, quero lhe dizer que, se você não sente nada de especial pela Lua, tudo bem. Às vezes, as bruxas novatas que encontro por aí vêm me dizer que não se consideram bruxas de verdade se não fizerem rituais envolvendo a Lua. Mesmo que você não adore a Lua tanto quanto a maioria das bruxas, a compreensão dos ciclos desse astro pode ser incrivelmente importante para o seu ofício. As fases lunares mudam ao longo do mês, indo da lua nova até a lua cheia. Quando a Lua está mudando de nova para cheia, ela está "crescendo" e, quando passa de cheia para nova, ela está "minguando". Muitas bruxas que trabalham com a lua lançam feitiços que exigem a energia abundante da Lua cheia.

As bruxas também investem em outros planetas do Cosmos, assim como na energia do espaço sideral. Por causa disso, a astrologia é algo que as bruxas costumam estudar. Aquelas que são mais habilidosas nessa prática não a usam apenas como forma de adivinhação, mas também como um guia para lançar feitiços. A posição de certos planetas pode indicar eventos futuros, mostrar até que ponto uma jornada será fácil ou não, ou até revelar sentimentos e preocupações pessoais.

Conectado ao Cosmos está o reino espiritual, que é onde a energia existe num plano diferente do nosso. É ali também que a energia fica impressa. Alguns acreditam que é nesse plano que coexistem os guias espirituais, os espíritos presos à terra, os espíritos guardiões dos lugares, os nossos antepassados e os espíritos de vibração inferior. Os médiuns têm a capacidade de visitar esse reino e não apenas se comunicar com os espíritos, mas também ler as impressões energéticas deixadas ali. Os trabalhadores espirituais utilizam os mistérios do Cosmos e do nosso mundo para abastecer e potencializar seus trabalhos.

O USO DA INTUIÇÃO E DA ENERGIA PESSOAL

A magia não consiste apenas em aproveitar toda a incrível energia e os elementos mágicos que existem fora de nós. Isso é apenas parte daquilo em que devemos nos concentrar. Não podemos nos esquecer da magia que existe dentro de nós. Esse é um aspecto que eu vejo muitas bruxas novatas ignorando. Não basta lançar feitiços com a energia universal, a energia da Lua ou a energia das ervas – nossa própria energia também é um importante instrumento de magia.

> ## De onde vieram os mitos
>
> **Voar em vassouras:** na Idade Média, havia um fungo parasita que atacava o pão de centeio. Quem o consumia tinha alucinações semelhantes às causadas pelo LSD. Muitas pessoas acreditavam que as mulheres faziam pomadas desse fungo e as administravam pela vagina, com um cabo de vassoura. Embora isso não as fizesse voar literalmente, essas pomadas certamente as faziam viajar! Existe outra crença segundo a qual a imagem de mulheres montando vassouras decorre do costume das bruxas de saltar pelos campos montando vassouras, para simular e incentivar o crescimento das plantações, em rituais pagãos. Provavelmente, a combinação dessas duas explicações foi responsável por esse mito conhecido até hoje.
>
> **Adoração ao Diabo:** o mito da adoração ao Diabo surgiu do conceito cristão de que o culto a algo que não seja o deus cristão é automaticamente um culto ao demônio. Durante a ocupação e a conversão da região celta, os cristãos encontraram representações do deus cornífero celta Cernunnos, que associaram ao Diabo.
>
> **Gatos pretos:** os celtas e os druidas adoravam gatos pretos e acreditavam que esses animais davam sorte, traziam prosperidade e propiciavam o amor. Visto que tanto os celtas quanto os druidas eram considerados pagãos pela Igreja, isso fez com que os felinos negros acabassem adquirindo uma conotação negativa. Essa ideia evoluiu quando os puritanos passaram a afirmar que os gatos não eram apenas animais, mas as próprias bruxas em forma animal.

> **De onde vieram os mitos** (*continuação*)
>
> **Chapéus pretos**: o chapéu pontudo não estava ligado à bruxaria até a época dos puritanos. Alguns diziam que o Diabo usava um chapéu assim, então ele passou a ser associado às bruxas. Outros afirmam que esse chapéu, na verdade, foi uma invenção dos quacres, membros de uma seita protestante inglesa. Posteriormente ele foi adotado pelos wiccanos, como um símbolo do cone de poder* (um método para aumentar a energia de um ritual mágico que envolve atrair um "cone" de energia da terra).

O cultivo do seu poder pessoal pode melhorar muito a magia que você realiza com instrumentos mágicos. No entanto, o maior benefício que você terá, se cultivar seu próprio poder, é a capacidade de fazer magia com base apenas na sua vontade, sem o uso de qualquer instrumento.

Há várias maneiras de se canalizar a energia que existe dentro do seu próprio corpo. Técnicas como meditação, Reiki e visualização, bem como o mero uso da sua força de vontade podem ajudá-la a reconhecer e "ouvir" a energia que circula dentro de você.

A ESCOLHA DA MELHOR OCASIÃO E AS CORRESPONDÊNCIAS

Na bruxaria, quase todos os assuntos podem ser relacionados com cores, dias da semana, horários, ervas ou alimentos correspondentes. Muitas bruxas usam essas correspondências como diretrizes em seus trabalhos de magia. Por exemplo, você quer lançar um feitiço de amor? Bem, a melhor maneira de fazer isso é reunir o poder de tudo que tem correspondência com esse tema: acender uma vela cor-de-rosa enrolada em pétalas de rosas desidratadas, numa sexta-feira de lua cheia ou crescente, enquanto invoca uma deusa do amor e da beleza.

Descobrir correspondências é muito fácil. Existem muitas listas por aí. Por falta de espaço, não vou apresentá-las aqui, mas muitas podem ser encontradas em livros de feitiços. Quando você está começando, esse tipo de indicação é extremamente útil. Claro, a escolha da melhor ocasião e das correspondências é exatamente isso – indicações. Não são regras rigorosas de bruxaria. Se você não puder fazer seu feitiço de amor na sexta-feira, com uma vela cor-de-rosa, tudo bem. Os ingredientes mais importantes são a energia e o poder. Se esses instrumentos a ajudarem a acumular a energia e o poder de que você precisa, utilize-os!

A MENTALIDADE DE ABUNDÂNCIA E GRATIDÃO

O cultivo de uma mentalidade de abundância e gratidão é algo poderoso. Quando enchemos nossa mente com pensamentos positivos, isso dá impulso à nossa energia pessoal e nos permite ser uma força de bem, para nós mesmas e para os outros. Pense: quando uma amiga entra na sua casa transbordando de felicidade, você pode senti-la irradiando calor e energia. Aprender a desenvolver essa energia através de uma intenção positiva é algo valioso para as bruxas. Veja a seguir as três principais maneiras de se fazer isso:

Ter gratidão pelo dia a dia. Ser grata pelas pequenas coisas da vida vai fazer uma enorme diferença na sua vida. Reserve um momento para sentir a brisa nos cabelos, afagar seu animal de estimação, abraçar seu filho com carinho, respirar o ar fresco da manhã ao caminhar ao ar livre – isso pode mudar seu dia inteiro. Quando você é feliz e agradecida pelos pequenos prazeres da vida, sua própria energia se ilumina e se fortalece instantaneamente.

Entender que existe o suficiente para todos. Ter uma mentalidade de abundância significa deixar de lado a mesquinharia e a inveja. Quando você entende que qualquer coisa é possível e que há o suficiente para todos – dinheiro, amor, sucesso profissional etc. –, sua energia se transforma em algo positivo e indestrutível.

A fraqueza é fruto da mesquinharia e da mentalidade de escassez. Lembrar-se de que estamos todos juntos, no mesmo barco, ajudará você a direcionar sua energia para o que é mais importante.

Não dar importância ao que os outros pensam. Empenhe-se para ser melhor a cada dia e tratar bem as pessoas, mas lembre-se de que você não é responsável pelas inseguranças ou má vontade dos outros. Não se preocupar de fato com a reação ou a opinião dos outros é uma atitude poderosa. Você se torna uma bruxa independente e forte, e se liberta da carga negativa que os outros possam lançar sobre você. Desse modo haverá muito mais espaço em sua mente para as práticas espirituais.

CURAR E AJUDAR OS OUTROS

Fazemos parte de uma sociedade muito individualista, em que a maioria das pessoas vive focada em si mesma e no próprio bem-estar. Embora isso aparentemente possa favorecer nosso próprio crescimento, às vezes simplesmente *nos esquecemos* das outras pessoas. Podemos não fazer isso de propósito ou com más intenções, mas só porque nossa vida é muito agitada ou somos simplesmente distraídas. Lembre-se de que, ao fazer algo de bom por outra pessoa, você não está tirando nada de você. (Tenha mentalidade de abundância!) Se você tem habilidade e capacidade para ajudar os outros, por que não fazer isso? Ajude outras bruxas a crescer e a se desenvolver, coopere com as pessoas da maneira que puder e use a magia para abrir os caminhos de quem a procura – todas essas atitudes são valorizadas na bruxaria. Seja uma condutora de energia positiva. Você pode se surpreender ao ver a reação em cadeia que isso provocará: quando você ajuda a tornar a vida mais fácil para outras pessoas, de repente a sua vida passa a ficar mais fácil também.

Somos responsáveis pelo bem-estar de *todos* que fazem parte da nossa vida? Essa é uma pergunta que muitas bruxas se fazem. Quando criamos um feitiço para ajudar um amigo a conseguir emprego, para curar uma colega de trabalho de uma lesão ou para criar um ambiente mais harmonioso, devotamos nosso tempo, nosso coração, nossa energia e nossa magia à causa do Bem. Às vezes queremos salvar o mundo, mas lembre-se de que todos temos nossos limites. O tempo que você despende ajudando aqueles que são ingratos ou resistentes à mudança poderia ser dedicado a pessoas que reconhecem e valorizam a sua assistência. Muito do nosso poder vem da nossa capacidade de escolher com quem interagimos e quem evitamos. A energia é uma coisa poderosa, então, quando for a hora de oferecer a sua para outras pessoas, escolha com sabedoria.

MUITO ALÉM DA IDEIA DO BEM CONTRA O MAL

> "A verdadeira magia não é negra nem branca. É ambas as coisas, porque a natureza é assim. Amorosa e cruel, tudo ao mesmo tempo."
>
> – LÍRIO, *JOVENS BRUXAS*

Magia branca, magia negra; bruxas brancas, bruxas cinzentas; magia do bem, magia do mal. Ao explorar seu caminho mágico, você começará a ouvir termos como esses. A verdade é que tentar classificar alguma coisa como totalmente boa ou totalmente má é algo que carece de empatia e complexidade de pensamento. Na bruxaria, nada é absoluto, nada é inerentemente bom ou mau.

Se isso é de fato verdade, como você sabe se está fazendo a escolha certa ao lançar um feitiço? Intuição. Siga os seus instintos e sua bússola moral sobre o que é certo e o que é errado. Só porque cometeu erros não significa que você seja "ruim" e só porque fez algo por outra pessoa, isso também não significa que você seja "boa". Tente ir além desses rótulos. Tudo se resume a confiar em si mesma e lembrar que toda ação tem consequências. Se você decidir lançar um feitiço para manter um namorado agressivo longe da sua amiga querida, algumas pessoas podem achar que você está querendo controlar a vontade do indivíduo e, portanto, praticando uma magia "ruim". Mas, se você acha que essa é a melhor coisa a fazer e já refletiu muito a respeito, pode se sentir com a consciência tranquila ao tomar essa atitude, independentemente do que os outros possam pensar. Às vezes, há uma boa razão para você querer enfeitiçar alguém, e isso não significa que você seja uma pessoa má. Qual é o sentido de se esforçar tanto para desenvolver seu poder se não pode usá-lo em situações difíceis? Você tem o direito de julgar por si mesma se pode ou não lançar certos feitiços.

Muitas bruxas acreditam que o feitiço que lançamos exerce um efeito sobre o universo e as coisas tendem a se equilibrar. Se o seu feitiço é justificado, você não tem com que se preocupar. No entanto, se você lançar feitiços apenas para criar um caos desnecessário, o universo também tentará a se reequilibrar – e não em seu benefício.

Enfim, a menos que você faça parte de uma tradição religiosa que determine o tipo de trabalho de magia que você pode fazer, é seu o poder de decidir o que é melhor para você e para as pessoas ao seu redor. É isso que torna a bruxaria uma maneira incrível de se viver: não existe nenhuma autoridade para lhe dizer o que fazer ou não. Você é a bruxa; sua vida e suas atitudes são responsabilidade sua.

Atravessando a porta da bruxaria

Em poucas palavras, a bruxaria se resume à capacidade de manipular energia para criar mudança e movimento. A maneira pela qual faz isso é você quem decide e ninguém pode dizer que está errado. Tornar-se bruxa é uma jornada gratificante e implica constante aprendizado e ensino. No final, é você quem decide como usar os talentos que descobriu no caminho.

Deixe o universo impulsioná-la, surpreendê-la, desafiá-la e apoiá--la – como bruxa, sua conexão com ele é espiritual e extraordinária.

CAPÍTULO 3

COMO UTILIZAR SEUS PODERES MÁGICOS

Praticar bruxaria é ver o mundo de maneira diferente daqueles ao seu redor. Só quando consegue ver o universo com clareza, você encontra o seu caminho. Eu sei que isso é verdade porque comigo foi assim. Parei de deixar que a vida me governasse e passei a governar a minha vida, tudo isso usando o meu poder pessoal.

ANTES QUE VOCÊ COMECE

Quando você começa a pesquisar sobre a bruxaria, costuma se deparar com fontes que usam palavras como karma, intenção e livre-arbítrio. Portanto, acho que é uma boa ideia definir esses termos antes de iniciarmos.

KARMA Crença budista que, de acordo com o dicionário, significa "a soma das ações que uma pessoa empreende nesta vida e em vidas passadas, e que define seu destino em existências futuras". O que define o seu destino são as suas ações: faça o bem e você terá um bom karma; faça o mal e você terá um karma ruim. Algumas pessoas ficam tão paranoicas com essa ideia que têm medo de tomar qualquer atitude e atrair um karma ruim. Se, em seu coração, você está fazendo tudo com a melhor das intenções, não há necessidade de ficar com receio do seu karma.

INTENÇÃO Quando você faz um feitiço, sua intenção é o que você espera alcançar. A intenção não tem relação com os instrumentos que usa; é ter uma ideia clara e concisa do resultado esperado. Não tenha medo de usar os ingredientes errados ou não possuir a vela certa; no final das contas, nada disso importará se o seu poder estiver fluindo e sua intenção for clara.

LIVRE-ARBÍTRIO Algumas bruxas acreditam que você não deve lançar um feitiço caso ele possa interferir no livre-arbítrio de outra pessoa. Eu não sigo essa regra. A maioria das magias manipula o livre-arbítrio de um modo ou de outro. Como eu já disse, você é a bruxa e tem o poder de escolher o que é certo na sua prática de magia.

AS FORÇAS DA BRUXARIA

As bruxas podem utilizar a energia por meio de métodos de adivinhação. Nós temos a capacidade de sondar a energia do mundo espiritual para obter informações. Alguns optam por usar cartas, pêndulos, folhas de chá ou espelhos para fazer isso. Outros têm capacidades psíquicas, como a mediunidade. Se a bruxaria consiste em manipular energia, então as pessoas com capacidades psíquicas são capazes de explorar essa energia com um pouco mais de facilidade, porque são mais sensíveis a ela. (Eu realmente acredito que toda bruxa tem algum tipo de capacidade psíquica e é isso que vamos investigar mais adiante.)

Quando tentamos criar mudanças, fazemos isso porque sentimos que algo está perturbando nossa zona de conforto. Pode ser a necessidade de uma comunicação mais aberta com alguém, de ter um fluxo de caixa mais previsível no seu comércio ou de melhorar a saúde de um ente querido. Sentimos que algum tipo de problema precisa ser resolvido.

Para entender como criar mudanças, você precisa compreender a sequência de acontecimentos que elas acarretam. O ciclo é o seguinte:

Conhecimento ⟶ Bruxaria ⟶ Magia

CONHECIMENTO Ter uma ideia clara e concisa do que você precisa mudar. A primeira parte da criação da magia é ter consciência de si mesma, do seu espaço e daqueles ao seu redor. A bruxa pode usar uma forma de adivinhação para determinar o que está acontecendo, caso ela ainda não saiba. Pode usar cartas, meditar para obter informações ou perguntar aos seus guias espirituais.

BRUXARIA Agir para provocar mudanças. É nesse ponto que a bruxa precisa determinar o melhor curso de ação. O que você decide fazer se baseia no seu nicho mágico, no seu instinto sobre o que é melhor e no que você sabe sobre a situação.

MAGIA A mudança é provocada. A energia é colocada em ação e começa a agir. A magia normalmente parte da bruxa e segue em direção ao mundo.

COMO ACESSAR SEU PODER

"Quando você começa a perceber o místico, o místico começa a perceber você."
— DACHA AVELIN

Neste capítulo, vamos nos aprofundar na etapa do *conhecimento* do processo mágico. As bruxas costumam se perguntar: como posso explorar toda essa energia incrível ao meu redor? Assim como existem elementos diversos ao nosso redor que emitem energia, há muitas técnicas diferentes para canalizar essa energia. Vamos discutir algumas maneiras de utilizar seu poder.

Os métodos mais comuns

Existem muitas maneiras de utilizar seu poder e canalizar a energia que existe dentro de você e ao seu redor. As quatro sugestões a seguir são as técnicas mais comuns que as bruxas usam para conjurar seu poder interior.

MEDITAÇÃO Normalmente, na meditação, nos sentamos em silêncio e deixamos nossa mente se recolher em si mesma, esquecendo o ambiente exterior e as distrações externas. Existem muitos tipos de meditação, que pertencem a diferentes tradições mente-corpo-espírito de todo o mundo. Quando falamos sobre meditação nesse contexto, estamos falando sobre o uso do foco mental para nos aproximar de uma fonte de energia. No que diz respeito especificamente à bruxaria, a meditação é um instrumento para "coletar" energia. Quanto mais "em contato" com a energia ao seu redor, mais fácil é projetar a intenção do seu feitiço no universo. Quanto mais você conseguir sentir o espaço energético, mais facilmente a energia do seu feitiço pode ser lançada para o mundo. É difícil explicar a sensação que isso transmite quando está acontecendo, mas você a perceberá. Concentre sua mente e procure uma espécie de vibração energética. Quando senti-la, concentre-se e use o poder da sua mente para torná-la mais forte. Depois de "tocar" essa energia, você sentirá como se houvesse um fluxo de informações e energia fluindo entre sua mente e o éter* (a dimensão energética que muitas vezes é chamada de mundo espiritual).

REIKI Esta é uma técnica japonesa muito usada para relaxar e reduzir o estresse, com o intuito de promover a cura. O praticante de Reiki corre as mãos sobre o corpo da outra pessoa (ou do próprio), sem tocá-lo, canalizando uma força vital invisível. Essa manipulação e esse movimento da energia servem para equilibrar e curar elementos físicos dentro do corpo. Embora o foco do Reiki tradicional seja terapêutico, a técnica é usada na bruxaria para remover do corpo energia tóxica, afastar a energia negativa de outra pessoa ou apenas para impulsionar a energia criada por um feitiço para onde ela é necessária.

VISUALIZAÇÃO A visualização se refere à nossa capacidade de imaginar um acontecimento ou cenário futuro se descortinando diante dos nossos olhos. Essa é uma parte muito importante da bruxaria. Se não conseguirmos imaginar nosso cenário ideal, como saberemos a melhor maneira de criá-lo por meio da magia? E como vamos saber se alcançamos nosso objetivo? Ao usar a visualização, você precisa imaginar o resultado ideal de todas as formas e de todos os ângulos. Por exemplo, se você está fazendo um feitiço de amor, visualize seu parceiro perfeito, como você o encontrará, como será uma noite com ele, como vocês se beneficiarão desse relacionamento, os obstáculos que poderão existir e assim por diante. Deixando sua mente divagar por esses cenários com um foco intenso, você fornecerá uma direção clara para o feitiço que lançará depois.

VONTADE A força de vontade é provavelmente a ideia mais estereotipada de como a magia funciona. Basicamente, fazer magia é utilizar a força de vontade para obter resultados. Embora não possamos voar sem drogas psicodélicas ou uma passagem de avião, a força de vontade é uma capacidade que as bruxas devem desenvolver ao longo do tempo. Quanto mais nos sintonizarmos com as energias do mundo, mais fácil será utilizá-las para conseguir o que queremos. Após anos de prática, você descobrirá que não precisa de feitiços para criar mudanças – elas simplesmente ocorrerão naturalmente se você usar sua mente para promovê-las. Por exemplo, se você teve um desentendimento com uma amiga, vai descobrir que, se quiser que essa amiga a procure, não precisará lançar um feitiço para conseguir que isso aconteça. Sua capacidade de trabalhar com a energia transmitirá essa necessidade para o universo sem nenhum esforço da sua parte. Quanto mais você se empenhar para desenvolver sua força de vontade, mais fácil será praticar magia sem utilizar nenhum tipo de instrumento.

Lembre-se de que essas técnicas ajudarão você a se aproximar da energia que está tentando manipular e mudar. Quanto mais usar essas energias, mais facilmente seu feitiço ou outros métodos de bruxaria funcionarão. Lembre-se do ciclo: O *conhecimento* é o primeiro passo, quando você utiliza a energia e o poder. A *bruxaria* ajuda a energia do seu feitiço a se projetar no mundo com uma direção clara. A *magia* é quando a mudança que você tinha a intenção de provocar está completa.

> ## Votos de silêncio
>
> Existem muitas técnicas meditativas antigas que as pessoas usam para atingir a iluminação espiritual e se conectar com algo maior. Por exemplo, os monges budistas fazem voto de silêncio, os muçulmanos praticam o Ramadã e os católicos respeitam a Quaresma.
>
> Uma prática budista popular é a chamada meditação vipassana, praticada em todo o mundo. Vipassana é o ato de autorreflexão e autodescoberta, alcançado por meio da abstinência de sexo, álcool ou conversação – tudo para que o indivíduo possa se concentrar em sua mente, seu corpo e seu espírito. No livro *The Naked Witch*, Fiona Horne descreve a época em que ela praticou o vipassana por dez dias. Ela meditava durante horas todos os dias, não falava e só fazia refeições vegetarianas. No começo, a mente relutava para desacelerar, mas com o tempo ela passou a notar coisas que nunca tinha percebido antes. "Eu entrei numa comunhão total e completa com o mundo e passei a me sentir totalmente em paz. Eu não tinha passado, futuro, falhas, mágoas... Apenas amor. Era melhor que amor. Era uma felicidade suprema."
>
> Encontrar maneiras de desligar uma parte de nós mesmas para descobrir algo novo e se conectar com a energia maior do universo é algo que muitas de nós, bruxas, fazemos. Votos de silêncio, em particular, são um recurso muito usado para melhorar a nossa perspectiva sobre o mundo e nós mesmas.

MÉTODOS PARA CONHECER O INCOGNOSCÍVEL

Agora que você conhece o básico sobre como acessar a energia, vamos analisar as ações que pode empreender com essa energia conjurada. Os feitiços (que exploraremos na Parte 2 deste livro) são uma das maneiras. Praticar diferentes métodos de adivinhação é outra, e é nisso que vamos nos aprofundar aqui. Lembre-se, os instrumentos que você usa para se conectar à energia sobrenatural são pessoais – faça o que lhe parecer correto.

Escriação

A escriação é o ato de contemplar a superfície de um objeto reflexivo (uma bola de cristal, um espelho negro, um lago ou outra superfície uniforme), para extrair dali informações. O objeto serve como um ponto focal enquanto a nossa intuição organiza as informações que está captando. A escriação deve ser feita num cômodo tranquilo, confortável e escuro, onde você se sinta segura e protegida. Conheci minha técnica de escriação favorita no livro *A Curious Future*, de Kiki Dombrowski. Ela aconselha o leitor a colocar seu instrumento de observação – seja uma bola de cristal, uma tigela ou um espelho – sobre uma mesa. Depois você deve acender duas velas e colocá-las em lados opostos do instrumento de escriação, para que a superfície fique iluminada, mas não mostre um reflexo da sua imagem. Contemple a superfície. Deixe o olhar desfocado e tente olhar através do instrumento. Acalme a mente, concentrando-se na respiração. As sessões de escriação geralmente duram de 5 a 20 minutos. Quando você começar a praticar essa técnica, faça sessões mais curtas e vá aumentando o tempo à medida que ganha experiência. Não se assuste quando você começar a ver imagens projetadas no instrumento ou na sua mente – esse é o objetivo da escriação.

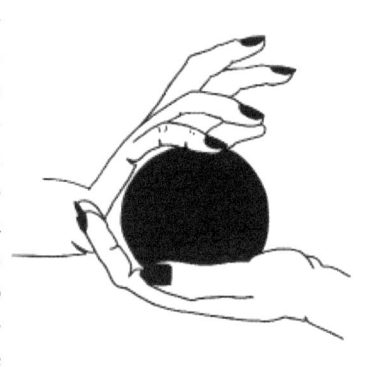

Lembre-se de que as imagens que você verá terão um significado especial para você. Se vir a imagem do seu animal de estimação, isso pode significar que você precisa prestar mais atenção nele ou apenas que ele está em seus pensamentos. As imagens que você vê da sua vida ou do plano espiritual não serão as mesmas que outras pessoas verão. Elas são pessoais; só terão a ver com você e com as suas experiências. Quanto mais você praticar esse tipo de adivinhação, mais saberá interpretar o que essas mensagens significam no seu caso, especificamente.

Quiromancia

A quiromancia, ou leitura das mãos, é um método clássico de adivinhação muito conhecido. Por meio dele é possível obter informações sobre um indivíduo, observando-se as linhas da palma das mãos dele, o comprimento e o formato dos dedos, a cor, a textura e a largura das mãos. Existem muitas opiniões diferentes sobre qual das duas mãos convém ler. Alguns acreditam que uma das mãos representa o passado, enquanto a outra representa o futuro. Outros afirmam que sempre se deve ler a mão dominante. Pessoalmente, acredito que você deva ler a mão pela qual se sentir atraída no momento. Providencie um local calmo, confortável e iluminado por velas (da mesma maneira que faria se fosse praticar a escriação). Pegue a mão da pessoa (ou a sua própria) e examine-a com atenção. Eis o que você precisa saber:

- **Cor** significa saúde; uma cor pálida ou opaca representa possíveis problemas de saúde.
- **Largura** significa força; uma mão estreita e frágil possivelmente representa fraqueza.
- **Aspereza e aspecto** grosseiro indica uma natureza laboriosa e criativa.
- **Um triângulo** formado pelo cruzamento de linhas no centro da mão sugere um equilíbrio perfeito entre mente, corpo e espírito.
- **O tamanho** da mão indica o tipo de temperamento; mãos pequenas significam impulsividade e precipitação.
- Quando fecha a mão em punho, você pode adivinhar o número de filhos que terá, observando as linhas na borda da mão, na base do dedo mínimo.

ÁGUA TERRA FOGO AR

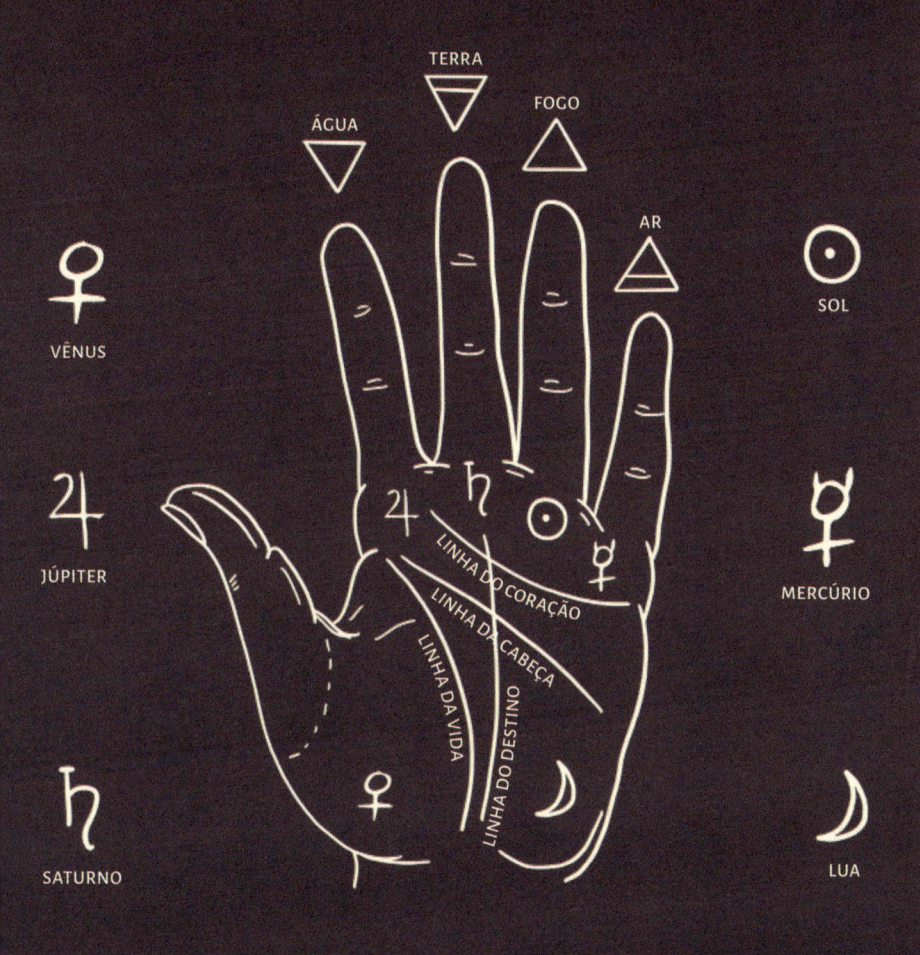

VÊNUS
JÚPITER
SATURNO

SOL
MERCÚRIO
LUA

LINHA DO CORAÇÃO
LINHA DA CABEÇA
LINHA DA VIDA
LINHA DO DESTINO

∴ A **linha do coração** representa a vida emocional da pessoa e o modo como as outras linhas se cruzam com ela indica quantas paixões ela terá.

∴ A **linha da cabeça** é um grande indicador das capacidades mentais e profissionais.

∴ A **linha da vida**, que começa na base da mão e às vezes cruza outras linhas, é uma linha do tempo que mostra como poderá ser a vida da pessoa. Isso nem sempre é verdade, porém.

∴ A **linha do destino** mostra o lado profissional, as dificuldades e o seu padrão de vida.

Para aprender mais sobre a quiromancia e se aprofundar na arte de interpretar as mãos, um dos meus livros favoritos é *The Secret Power of You*, de Meera Lester.

Leitura de cartas

Vou descrever aqui três tipos de leitura de cartas: o tarô, o baralho Lenormand e o oráculo. O tarô e o baralho Lenormand são sistemas de adivinhação cuja leitura ocorre de maneira semelhante, embora as cartas tenham imagens diferentes. O termo "oráculo" se aplica a vários tipos de cartas advinhatórias, contendo imagens de ervas, animais, anjos, deuses etc. Esses são baralhos criados e definidos por artistas independentes.

TARÔ Como sistema, o tarô é extremamente introspectivo e complexo. Ele se concentra, principalmente, no consulente*, ou seja, na pessoa que consulta a bruxa ou o oráculo – e nos sentimentos ou atitudes dele. O baralho possui 78 cartas e alguns leitores de tarô optam por ler as cartas também na posição invertida, para aprofundar o significado. Os praticantes acreditam que as cartas de tarô ajudam a examinar a vida espiritual do consulente em profundidade. Como o tarô abre um novo reino de possibilidades em relação ao eu interior, o ideal é que o consulente olhe para dentro de si mesmo, em vez de apenas considerar as influências externas em relação à sua situação.

LENORMAND O baralho Lenormand (que, muitos anos depois de sua criação, passou a ser reproduzido com o nome de "baralho cigano") é extremamente direto e objetivo. Ele revela os fatores externos que podem estar influenciando o consulente. Trata-se de um sistema francês de 36 cartas, com imagens simples e significados concretos – diferentemente das cartas de tarô, que devem ser interpretadas. As bruxas que usam essas cartas são capazes de fazer leituras muito claras, mais relacionadas às questões da vida cotidiana.

ORÁCULO As cartas dos oráculos são muito mais difíceis de definir porque cada baralho é diferente. Trata-se de baralhos criados dos por autores e artistas independentes. Esses baralhos têm imagens importantes ou significativas para o criador do baralho, cujas definições ele mesmo criou.

> ### Desconstruindo mitos sobre as cartas do tarô
>
> **O baralho de tarô deve ser oferecido de presente.** Isso não poderia estar mais longe da verdade. Eu sempre me perguntei se esse mito foi inventado por alguém que não queria emprestar seu próprio baralho. Se você encontrar um baralho que toque o seu coração e a sua alma, não hesite em comprá-lo e lembre-se: as bruxas têm o poder de tomar suas próprias decisões.
>
> **O tarô é sempre a melhor escolha.** O tarô não é a melhor escolha, caso a pessoa que o lê não se sinta confortável com esse sistema. As cartas dos oráculos são muitas vezes consideradas mais fáceis de ler, mas lembre-se de que nenhum sistema é inerentemente melhor do que os outros. Tudo é uma questão de quanto o leitor se sente atraído pelo sistema e da conexão que sente com ele.

Runas

As runas são um antigo sistema de adivinhação nórdica, composto de símbolos entalhados em pedras, lascas de madeira, ossos, varetas ou outras peças pequenas. Assim como qualquer forma de adivinhação, você pode fazer o seu próprio conjunto de runas ou comprá-lo numa loja esotérica ou pela internet. Essas runas são depois espalhadas aleatoriamente sobre uma superfície e, de acordo com o padrão em que caem, são interpretadas para revelar um significado divino que ajude o leitor. Em seu livro *A Curious Future*, Kiki Dombrowski diz que "o nome de cada uma das runas tem um significado cultural, ou seja, cada letra rúnica possui um nome que expressa algo significativo para as culturas germânicas que criaram esse oráculo. O conjunto padronizado de runas mais comum tem 24 letras e é conhecido como Futhark germânico comum. Muitas autoridades no assunto (incluindo Kiki) sugerem que você sorteie uma runa por dia e contemple seu significado para se familiarizar com as runas. Ou tente sortear três runas: a primeira representando o passado, a segunda representando o presente e a terceira representando o futuro.

Leituras das folhas de chá

A tasseografia é a arte de ler a sorte ou o futuro por meio dos padrões das folhas de chá. Essa arte remonta à Europa medieval, quando adivinhos liam os respingos de cera das velas. Evoluiu no século XVII, quando o chá foi levado para a Europa graças ao comércio com a China. O chá-preto de folhas soltas é o chá tradicional para se usar na tasseografia.

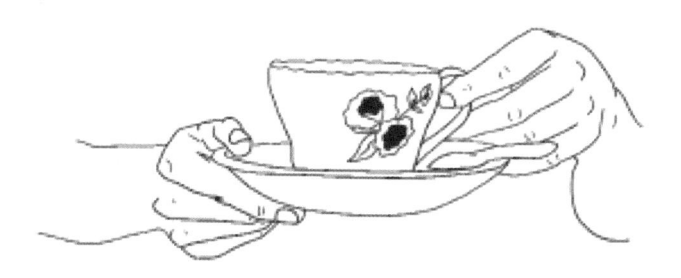

Como interpretar as folhas de chá

1. **Prepare uma xícara de chá com folhas soltas, sem ingredientes adicionais (como especiarias, frutas secas ou flores).** Quando o chá estiver pronto, despeje-o numa xícara de chá branca ou de cor clara.

2. **Depois que o chá esfriar um pouco, beba-o, tomando cuidado para não ingerir com o líquido as folhas de chá depositadas no fundo.** Beba o chá e deixe uma pequena quantidade de líquido no fundo da xícara.

3. **Segure a xícara com a mão esquerda.** Num movimento rápido, gire a xícara no sentido horário três vezes. Caso queira, esse é o momento de pensar numa pergunta.

4. **Coloque cuidadosamente a xícara de chá de cabeça para baixo sobre o pires.** O líquido restante cairá e as folhas de chá permanecerão praticamente imóveis.

5. **Depois de um minuto, vire a xícara novamente e examine os padrões das folhas de chá.** Tente distinguir qualquer forma ou figura e interpretá-las de acordo com um livro ou site sobre leitura de folhas de chá. Os padrões que ficam nas bordas da xícara referem-se ao futuro imediato. Quanto mais próximo as imagens estiverem da borda, mais perto algo está para acontecer. As figuras que estiverem no fundo da xícara se referem ao futuro distante ou à resposta da sua pergunta.

Pêndulos

Um pêndulo é um peso pendurado numa corrente para que possa balançar livremente. Em geral, eles são de cristal, mas você pode criar o seu próprio pêndulo a partir do material que quiser. As bruxas gostam de usar pêndulos para responder a perguntas com respostas do tipo sim ou não – o movimento de ir e vir significa "não" e o movimento circular significa "sim". Os pêndulos, no entanto, podem ser usados para outros fins. Você pode usar o pêndulo com um tabuleiro embaixo dele, semelhante a um Tabuleiro Ouija, para que possa soletrar as palavras. Uma técnica de adivinhação popular consiste em segurar o pêndulo sobre a barriga de uma mulher grávida para determinar o sexo do bebê. Nesse caso, o movimento para a frente e para trás significa que será um menino, enquanto o movimento circular significa que será uma menina. Uma maneira de praticar o uso do pêndulo é realizar uma leitura para um amigo e fazer a ele duas perguntas, dentre as quais ele conheça a resposta para apenas uma. Se o pêndulo responder à pergunta de controle corretamente, você saberá que ele está funcionando.

Tabuleiro Ouija

O tabuleiro Ouija é um tabuleiro plano onde estão escritas as letras do alfabeto, os números de 0 a 9, as palavras sim, não, olá (ocasionalmente) e adeus, com vários símbolos e gráficos. Para indicar o símbolo ou letra, o tabuleiro tem um pequeno pedaço de madeira ou plástico em forma de coração, chamado prancheta. Os participantes colocam os dedos na prancheta, que se move sobre o quadro, soletrando palavras e transmitindo mensagens. Embora o tabuleiro Ouija tenha ganhado popularidade durante o movimento espiritualista do fim do século XIX, ele acabou saindo de moda. Contudo, depois de *O Exorcista* e outros filmes, esses tabuleiros passaram a ser encarados como um jogo assustador para adolescentes. Eu sou da opinião de que os tabuleiros Ouija são tão poderosos quanto qualquer outro método de adivinhação. Se você passar pelos processos descritos neste livro, aprendendo a controlar seu poder e sua energia, não terá problemas quando começar a usar esses recursos. Seja esperta e proteja-se.

Como se proteger

Quando você começar a explorar todo esse poder incrível da magia, vai perceber que podemos encontrar energias de que não gostamos. Energias que podem ser pesadas, negativas ou simplesmente repulsivas. Você saberá que encontrou uma energia ruim porque... bem, porque ela causa mal-estar. Pode fazer você se sentir tensa ou desconfortável.

Aqui estão algumas ótimas técnicas para combater a energia ruim, quando você a encontra.

LUZ BRANCA Esta é uma técnica maravilhosa que as bruxas usam para fazer prevalecer sua vontade sobre outras energias do ambiente. Ela requer que você se sente em silêncio e imagine uma bola de luz branca na altura do estômago. Ao inspirar, você absorve energia e, quando expira, você irradia essa luz. A cada respiração, você irradia mais luz, até que você, seu espaço e qualquer outra coisa necessária estejam protegidos dentro dessa luz. Quanto mais você praticar essa técnica, mais habilidosa vai ficar. É melhor usá-la quando sentir algo negativo de um modo mais persistente, mas que você não consegue identificar o que é.

FALAR EM VOZ ALTA Às vezes, a técnica mais simples é a mais eficaz. Se você se deparar com uma entidade ou energia com a qual não se sente confortável, diga em voz alta: "Este espaço é meu! Você não é bem-vindo aqui!".

ERVAS E CRISTAIS Usar ervas e cristais para ajudar a proteger você e seu espaço também é uma ótima opção. Faça uma pesquisa para descobrir quais ervas e cristais são mais adequados para as suas necessidades, com base nos que mais a atraem no momento e nos feitiços que está lançando. Cristais como obsidiana e turmalina tendem a ser excelentes para proteção.

TALISMÃS, VELAS E ÁGUA DA FLÓRIDA* Usar talismãs e velas é uma ótima maneira de manter a energia leve e positiva no ambiente. A Água da Flórida, uma colônia peruana tradicional feita com álcool e ervas, também é uma ótima opção[2]. Todos esses itens também podem ser usados para apaziguar os espíritos.

Outras formas de adivinhação

Existem muitos métodos de adivinhação, como o oráculo do alfabeto Ogham, a escrita automática, além da interpretação de ossos, ovos (oomancia*), pedras (litomancia*) e as chamas do fogo (piromancia*). A astrologia e a numerologia também são sistemas usados para se fazer previsões. Eu não vou entrar em detalhes sobre esses métodos aqui, porque quero manter minha promessa de que este livro se destina a apresentar os fundamentos básicos da bruxaria. Mas há muito mais para você descobrir, por isso, se estiver curiosa, faça uma pesquisa, pois esse é um assunto fascinante. Em última análise, a chave para encontrar o sistema que se adapta melhor a você é experimentar diferentes técnicas. Quase qualquer coisa pode ser usada para se fazer adivinhações – respingos de velas, pingos de óleo na água, o modo como os raios do luar atingem o rosto de alguém... Tentar criar seu próprio sistema de adivinhação também pode ser um exercício muito divertido.

CAPACIDADES PSÍQUICAS E INTUIÇÃO

Eu acredito que todas as pessoas nascem com capacidades psíquicas. Algumas reconhecem essas capacidades em si mesmas e as

---

[2] A Água da Flórida pode ser encontrada em lojas virtuais de sites brasileiros, porém, segundo sugestão de Tiago Lopes, autor do livro *Hoodoo Brasil*, ela pode ser substituída por uma solução composta de álcool de cereais, água de flor de laranjeira, óleo essencial de jasmim, óleo essencial de lavanda, óleo essencial de canela e óleo essencial de cravo. Caso não tenha os óleos essenciais, ele recomenda que sejam usadas ervas frescas. (N.T.)

desenvolvem, enquanto outras as ignoram. A intuição é a nossa forma mais básica de capacidade psíquica, e é ela que está ativa em nós quando usamos os instrumentos que acabei de apresentar. Aquele pressentimento, aquela vozinha na sua cabeça são formas de intuição. Podemos desenvolver nossas capacidades psíquicas usando a intuição como ponto de partida e direcionando nossas intenções para que, um dia, tenhamos mais controle sobre elas. Nossa intuição está sempre ativa, coletando ao longo do dia informações do nosso ambiente físico e espiritual. Pressentimentos de que você deve parar no supermercado agora e não depois do trabalho, de que deve alterar seu percurso para a casa de um amigo ou de que é melhor evitar ir à sua lanchonete favorita hoje são exemplos de sua intuição orientando você no seu dia a dia.

Clarividência e outras capacidades psíquicas

> "A clarividência é a capacidade de ver imagens e cenas na sua mente."
> – Stacey Wolf, *Get Psychic!*

Você já pode ter ouvido a palavra "clarividência" em associação com bruxaria. De fato, ela é uma parte importante da conexão com a energia ao nosso redor. A clarividência é a capacidade de receber mensagens do plano espiritual, na forma de imagens mentais. Muitas pessoas acreditam que essa capacidade é um dom inato; ou você tem ou não tem. Mas isso não é verdade. Na realidade, você pode se empenhar para desenvolver essa capacidade de receber mensagens. Algumas pessoas também pensam erroneamente que o ato de receber mensagens é algo puramente passivo. Mais uma vez, estou aqui para desconstruir esse mito. Vamos discutir a seguir como se envolver de forma ativa na exploração das suas capacidades psíquicas e o que fazer para desenvolvê-las.

Muitas pessoas já ouviram falar da *clarividência* porque essa é a capacidade psíquica mais retratada na mídia; porém, na realidade, ela é apenas um dos vários tipos de percepção paranormal.

Existem outros, menos conhecidos, que também se enquadram na categoria de capacidades psíquicas. Algumas pessoas também têm *claricognição*, a capacidade extrafísica de saber informações que não teriam como conhecer de antemão. Por exemplo, entrar numa sala e saber que conversa estava sendo travada ali. A capacidade de ouvir sons ou vozes que não são deste plano é outro dom psíquico, chamado *clariaudiência*. Um exemplo seria ouvir seu nome quando não há ninguém por perto. Há também a capacidade psíquica de perceber odores extrafísicos, como sentir inexplicavelmente o cheiro do perfume de um ente querido já falecido, e a capacidade de sentir sabores, sem ter nada na boca. Um exemplo disso é entrar num local considerado mal-assombrado e sentir o gosto de alcaçuz, apenas para descobrir depois que, no passado, ali costumava ser um bar onde se vendia absinto, uma bebida com sabor de alcaçuz.

Eu acredito que toda bruxa tenha uma ou várias "capacidades psíquicas", e conhecer as suas a ajudará a determinar a melhor maneira de se conectar com as energias e direcionar suas ações, à medida que você pratica magia. Talvez você queira sentir o cheiro das ervas em vez do sabor, ou talvez ouça os espíritos em vez de vê-los, ao se conectar com eles.

A melhor maneira de determinar sua forma única de detectar mensagens é recordar experiências passadas. Faça a si mesmo as perguntas a seguir e deixe as respostas ajudarem a revelar sua capacidade mais contundente. Se você perceber que tem apenas algumas ou até mesmo uma delas, tudo bem! Você pode desenvolver suas capacidades psíquicas com a prática.

1. Você já viu uma cena na sua mente logo antes que ela acontecesse? Por exemplo, viu a roupa que uma colega ia usar no dia seguinte, para trabalhar, ou teve a visão de um espírito? Se isso já aconteceu, você pode ser clarividente.

2. Você já sabia o que alguém diria antes que essa pessoa dissesse? Ou sabe o que acontecerá num evento antes de ele acontecer? Ou sabe que um amigo se atrasará antes que ele envie uma mensagem avisando? Você pode ter a capacidade de pressentir acontecimentos futuros.

3. Você já ouviu uma música tocar na sua mente e depois descobriu que era justamente a música que estava tocando quando você ligou o rádio? Você já ouviu alguém chamando o seu nome quando não havia ninguém por perto? Você pode ser clariaudiente.
4. Você já sentiu o perfume de um ente querido que já faleceu? Ou sentiu, numa sala, o odor de algo que não estava ali? Você pode ter a capacidade de sentir cheiros astrais.
5. Você já sentiu um sabor familiar na sua língua e então descobriu que um amigo estava planejando cozinhar, dali a poucas horas, um prato com esse sabor? Ou descobriu que estava num prédio antigo que abrigava sabores semelhantes? Você pode ter a capacidade de sentir gostos que não são deste plano.

Se você deseja desenvolver suas capacidades psíquicas, a melhor maneira de fazer isso é exercitá-las.

Procure meditar (ou utilizar qualquer outro método apresentado neste livro) e depois imagine a roupa que uma amiga sua usará no dia seguinte, se você tiver clarividência. Ou tente ouvir a música que você acha que tocará a seguir no rádio, se você for clariaudiente. Ou procure descobrir de quem é a próxima mensagem que você receberá no seu celular. Ou tente sentir o cheiro do prato do dia, no seu restaurante favorito, antes de visitá-lo. Ou tente captar o sabor do prato que um amigo comeu no café da manhã e, em seguida, pergunte a ele se você estava certa. Exercícios diários ajudarão você a aumentar suas capacidades psíquicas de um modo bastante eficaz.

Como desenvolver suas habilidades psíquicas

Algumas pessoas nascem com dons e talentos naturais, enquanto outras têm que se esforçar para adquirir alguma habilidade. Com as capacidades psíquicas não é diferente. Eu gosto de comparar habilidades mágicas e psíquicas com a vocação para dançar. O sujeito pode ser um dançarino nato, mas, se não praticar e não desenvolver essa capacidade, uma pessoa mais persistente, mesmo sem esse talento natural, pode um dia superá-lo. Portanto, não se preocupe se você não nasceu com capacidades psíquicas. Seu interesse e empenho são, na verdade, o que realmente importa. Eu descobri que desenvolver capacidades psíquicas é algo bem simples e objetivo. Reserve dez minutos, todos os dias, para se concentrar no desenvolvimento das suas capacidades. Certifique-se de estar num ambiente silencioso, em que possa ficar confortável e não ser interrompida. Passe alguns minutos meditando, antes de começar a prática relacionada à sua capacidade. Tente fazer algumas previsões, esteja aberta a todas as mensagens que receber e anote as previsões e mensagens, após terminada a sua sessão. Se fizer essa pequena prática todos os dias e analisar a precisão das mensagens, em pouco tempo você perceberá algum progresso e ficará surpresa ao ver quanto se desenvolveu.

Déjà-vu

Déjà-vu é um fenômeno que quase todo mundo já vivenciou em certa medida. Trata-se de um momento em que você parece reviver algo que já aconteceu. Você pode entrar numa sala ou falar com alguém e, de repente, ter a sensação de que já fez exatamente isso antes ou já disse aquelas mesmas palavras.

Existem várias teorias científicas sobre o *déjà-vu*. Uma das mais comuns sobre a causa desse fenômeno é a ideia do processamento duplo – quando dois processos cognitivos de pensamento que normalmente ocorrem juntos ficam fora de sincronia. Outra perspectiva neurológica do *déjà-vu* descreve-o como uma disfunção momentânea do sistema nervoso ou possivelmente uma pequena convulsão, que interfere no disparo neural. Em outras palavras, o momento atual é familiar, mas nos esquecemos da razão por que é familiar. Outra teoria sugere que o *déjà-vu* está associado à nossa atenção. Por exemplo, podemos ficar momentaneamente distraídos enquanto estamos percebendo um momento e, depois que a nossa atenção volta ao presente, perceber o mesmo momento outra vez, esquecendo-nos de que já tínhamos esboçado uma primeira reação a isso.

> Embora a ciência ainda não tenha certeza de como ou por que o *déjà-vu* acontece, algumas bruxas acreditam que se trata de uma forma de capacidade psíquica. Alguns acreditam que ele seja um certo tipo de visão ou acontece quando a mente vive um momento que, na verdade, já existiu antes em algum outro plano.

À medida que você se desenvolve e pratica, visões e premonições vão começar a acontecer com mais frequência e independentemente da sua vontade. Elas chegarão até você por meio da sua capacidade psíquica mais desenvolvida.

A telepatia é outra capacidade psíquica que pode ser desenvolvida. Se você praticá-la, poderá atingir uma certa proficiência a ponto de começar a captar o que as outras pessoas ao redor estão pensando ou sentindo. Isso talvez não aconteça exatamente como é mostrado nos filmes, mas você passa a notar que está mais sintonizada com as pessoas à sua volta.

Premonições em sonhos

Visões e premonições são experiências psíquicas nas quais você toma conhecimento de acontecimentos que, de outro modo, não teria como conhecer. Pode tratar-se de um evento que ocorrerá no futuro, que esteja acontecendo no presente ou que tenha acontecido no passado.

A energia chega mais fácil no subconsciente quando estamos no limiar do sono. É por isso que muitas pessoas acham que têm visões e premonições quando estão quase adormecendo ou acabaram de acordar. À medida que desenvolve suas habilidades para explorar e manipular a energia, você descobre que sua mente começa a agir por conta própria e você tem mais experiências e sonhos premonitórios.

CAPÍTULO 4

COMO PRATICAR BRUXARIA

Agora que falamos sobre como utilizar a energia, como funciona o ciclo dos trabalhos de bruxaria e os métodos de manipulação da energia, vamos descrever os instrumentos usados pelas bruxas e apresentar outras informações práticas que você precisa saber para desenvolver suas habilidades. Este capítulo contém muitas práticas úteis, portanto experimente todas elas se quiser e faça anotações sobre os resultados que obteve! Você nunca sabe o que pode acionar a ignição do seu poder.

COVEN OU PRÁTICA SOLITÁRIA?

Você pode já ter ouvido falar dos covens, mas ainda não saber muito bem o que esse termo significa. Coven é um conjunto de bruxas que pratica magia em grupo. O coven pode ser composto de três até vinte pessoas, embora os números realmente não importem, visto que ninguém tem autoridade para ditar como as bruxas fazem magia – cada coven escolhe o que é melhor para os seus membros. As bruxas de um coven normalmente praticam a mesma forma de bruxaria. Muitas novatas me perguntam se precisam fazer parte de um coven para praticar bruxaria. Elas temem que não sejam consideradas bruxas "de verdade" caso não se associem a um coven. Fico feliz em dizer que esse não é o caso. As bruxas podem ser legítimas praticando sozinhas ou em grupo. Nós mencionamos aqui quanto a prática da magia é pessoal, portanto é compreensível que algumas de nós prefiram trabalhar sozinhas, ao passo que outras achem melhor fazer parte de um coven. Há também um meio-termo entre a prática solitária e a prática grupal. Você pode ter um coven que considere sua comunidade e no qual busque apoio, ao mesmo tempo que pratica sua bruxaria de modo solitário. Isso é o que eu faço. No meu caso, anos atrás eu estava morando na Flórida, mas não me sentia muito satisfeita com a minha vida. Estava recebendo informações do universo de que algo me aguardava em outro lugar, então segui minha intuição e resolvi mudar de endereço. Eu ainda faço parte do meu coven da Flórida, mas pratico magia sozinha usando os instrumentos e rituais que funcionam para mim. Desde que me mudei para outro estado, não pratico a bruxaria em grupo com a mesma frequência, mas sempre conto com o apoio das minhas companheiras de coven, quando há necessidade. Portanto, lembre-se: ser uma bruxa solitária não significa ser antissocial. Ser uma bruxa solitária não a torna menos bruxa.

A verdade é que, nos tempos modernos, os covens são bem menos populares do que já foram um dia. Embora sejam importantes em algumas tradições, as bruxas não religiosas relatam que não sentem a necessidade de fazer parte de um grupo para praticar bruxaria.

Outra forma menos conhecida de comunidade bruxa é a que chamamos de círculo. O círculo é um grupo menos formal de bruxas, que se reúne para estudar magia e às vezes celebrar os sabás* (festivais sazonais descritos na página 72). Em comparação com os covens, que normalmente se reúnem para realizar magia e rituais de acordo com uma programação prévia, os círculos são muito menos rigorosos e seus membros não têm o mesmo nível de compromisso entre si. Essa é uma ótima opção quando você é novata e ainda está descobrindo a sua bruxaria pessoal. Os membros de um círculo nem sempre praticam o mesmo tipo de magia e não há um ritual de dedicação ou iniciação formal, ao passo que, no coven, esse geralmente é o caso.

Prática solitária vs. trabalho em grupo

Outra pergunta que muitas vezes recebo de bruxas novatas é se existe uma diferença entre a prática solitária e a prática em grupo. Sinceramente, acho que a maior diferença é no modo como as diversas partes do feitiço são divididas. Não é incomum que um feitiço projetado para ser realizado em grupo seja lançado por uma única pessoa – você apenas se incumbe de fazer você mesma todas as partes. Um benefício do feitiço lançado em grupo, porém, é que ele reúne diferentes energias e intenções, o que pode fortalecê-lo. Se você deseja converter um feitiço projetado para uma pessoa de modo que possa lançá-lo em grupo, basta dar a cada membro uma incumbência, para que todos possam contribuir com a própria energia. Covens tradicionais, no entanto, normalmente têm seus próprios rituais em grupo predeterminados, que funcionam de acordo com seu sistema de crenças.

Questões a considerar ao ingressar num coven

Democracia vs. hierarquia: decida se você quer um coven com um líder ou se prefere um sistema mais democrático, em que todos os membros têm a mesma importância no grupo.

Profissão vs. família: decida se você prefere que o relacionamento entre os membros do seu coven seja apenas profissional ou que essas pessoas sejam como a sua família.

A mesma tradição vs. tradições diferentes: você quer fazer parte de um coven cujos membros pratiquem exatamente como você (o que permite que eles a auxiliem nos seus feitiços)? Ou prefere um coven cujos membros pratiquem tradições diversas, para que você possa aprender com práticas diferentes das suas?

Grande vs. pequeno: o coven tradicional é composto de treze bruxas. Esse é o número ideal, mas vocês conseguem coordenar com sucesso a agenda de treze pessoas para realizarem juntas rituais e feitiços? Decida qual o tamanho ideal do seu coven – um grupo maior ou um grupo menor?

Advertências

Se você está procurando um coven, preste atenção nestes avisos. Em alguns casos, eles podem significar a diferença entre ingressar num coven e arranjar uma bela dor de cabeça.

Covens que cultuam o sexo: evite covens que incluam algum tipo de ato sexual em suas práticas.

Covens que querem "esfolar" você: covens normais controlam suas finanças de duas maneiras. Quando o grupo é pequeno, geralmente cada bruxa contribui com o que pode. Grupos maiores, em geral, têm um registro das taxas que pagam por eventos ou do custo das viagens anuais do coven. Mas cuidado com qualquer coven que peça quantias muito altas ou de maneira frequente. E encare com suspeita caso não digam claramente como esse dinheiro é gasto.

Covens problemáticos: este é um coven em que você percebe que os membros não confiam uns nos outros. Covens que demonstram muita bagagem emocional e conflitos são sempre uma perda de tempo. Seus membros brigavam antes de você pensar em ingressar e continuam brigando muito tempo depois de você se afastar. Grupos em que predomina o drama não beneficiarão sua prática de magia.

Covens incompatíveis: você, naturalmente, quer estar envolvida em tudo que o seu coven faz. Mas se você se depara com rituais importantes nos quais não permitem a sua entrada, crenças que a deixam pouco à vontade ou atividades que não despertam o seu interesse, por que se associar a esse grupo?

Covens flutuantes: se você já esteve em algumas reuniões do coven e percebeu que as pessoas presentes praticamente nunca são as mesmas, isso pode indicar a falta de comprometimento dos seus membros.

> **Advertências** (*continuação*)
>
> **Líderes "sabichões":** líderes presunçosos são uma coisa importante a se evitar. Se alguém age como se tivesse todo o poder e conhecimento do mundo, CORRA! A menos que isso seja uma parte inerente da tradição que escolheu, os covens devem ser respeitosos e interessados em compartilhar conhecimento. Porém, se alguém é desnecessariamente dominador ou nega informações para se sentir mais poderoso, o que você vai ganhar com isso?
>
> **Líderes que não sabem o que fazem:** se você ingressar num coven e começar a suspeitar que o líder não sabe tanto quanto parece, não se surpreenda. Eu já vi muitos covens liderados por pessoas que tinham alguns meses de prática ou lido apenas um livro. Isso não chega a ser um problema num círculo, no qual todos estão aprendendo juntos, mas, num coven, por que deixar alguém sem experiência orientá-la no seu caminho mágico?

TRADIÇÕES, RITUAIS E CERIMÔNIAS

Muitas práticas de bruxaria, como a Tradição Alexandrina, realizam rituais e cerimônias para prestar culto e praticar magia. Alguns desses grupos têm crenças antigas, e as bruxas que participam deles sentem que estão fazendo parte de algo maior e ancestral. Outros dizem que esses rituais e cerimônias podem intensificar a energia para um trabalho de magia mais eficaz.

Outro benefício da bruxaria tradicional é que optar por caminhos já trilhados por muitas pessoas elimina a necessidade de "redescobrir a roda" ou de passar pela fase das meras suposições. Os rituais se tornam familiares e reconfortantes, além de propiciar estrutura ao coven e resultados previsíveis.

A bruxaria tradicional oferece um fundamento sólido que ajuda as bruxas a abrir e pavimentar seus caminhos, embora muitas se queixem de que as regras as restringem um pouco. Lembre-se de que não existe nenhuma maneira errada de se praticar bruxaria; trata-se de encontrar o que toca a sua alma. Portanto, ao iniciar, experimente de tudo e veja o que mais lhe agrada.

CALENDÁRIOS E CICLOS

Muitas bruxas usam o calendário para ajudar a orientar seus trabalhos de magia. Essa é a atitude ideal caso a bruxa sinta uma forte conexão energética com a Terra, as estrelas e a Lua. A decisão de planejar e executar trabalhos de magia com base nesses fatores ajuda a bruxa a moldar e manipular a energia que ela precisa usar em seus feitiços. Essa é também uma ótima maneira de começar a praticar a bruxaria, porque o calendário pode servir como um pequeno guia do universo e inspirar novas ideias de feitiços e rituais. (Lembre-se, se você estiver se baseando em calendários e a Lua não estiver na fase "certa", não precisa se preocupar, pois existem muitos outros caminhos que você pode seguir.)

Dias da semana

Domingo – Dia do Sol: algumas bruxas aproveitam o domingo para realizar celebrações ou para buscar uma energia alegre ou intensamente positiva exigida em alguns feitiços.

Segunda-feira – Dia da Lua: algumas bruxas usam a segunda-feira para lançar feitiços que envolvem adivinhação e trabalho astral.

Terça-feira – Dia de Marte: dia da justiça por excelência, algumas bruxas usam esse dia para realizar trabalhos relacionados a assuntos jurídicos ou que envolvam questões de certo e errado. Outras usam esse dia da semana como "o dia da guerra".

Quarta-feira – Dia de Mercúrio: algumas bruxas usam esse dia para invocar os deuses e participar de práticas de culto. Feitiços relacionados a dinheiro e carreira profissional também funcionam bem nesse dia.

Quinta-feira – Dia de Júpiter: um dia dedicado à família, por isso algumas bruxas o usam para fazer feitiços relacionado à casa e, claro, à família.

Sexta-feira – Dia de Vênus: o melhor dia para feitiços de amor e relacionamento.

Sábado – Dia de Saturno: este é o dia de olhar para as estrelas e fazer trabalhos de magia que ajudem a realizar sonhos, objetivos e desejos.

As estações e os equinócios

> "Parece que esta é a progressão usual das coisas: a mudança das estações nos afeta em todos os níveis: físico, mental e espiritual. À medida que a natureza evolui, ao longo das estações, nosso estado mental e nosso foco espiritual a acompanham."
>
> – KIKI DOMBROWSKI, *Eight Extraordinary Days*

À medida que passam as estações, a Terra gira e nossas necessidades mudam. Antes das conveniências modernas, os seres humanos tinham que planejar estrategicamente como sobreviveriam aos diferentes climas do ano, desde o calor brutal do verão até o frio intenso do inverno. Isso levou a tradições como nadar em lagos durante o verão, fazer compotas de frutas no outono e comer carne defumada no inverno.

Na bruxaria, existem mais de quatro estações – oito, na verdade – e cada uma tem um festival associado a ela, conhecido como sabá. A celebração de cada sabá é um retrato do que os seres humanos enfrentavam nos tempos antigos, para sobreviver e chegar à estação seguinte. Embora antigamente as pessoas não planejassem nem realizassem os festivais como fazemos hoje, celebrá-los é uma ótima maneira de mostrar gratidão por aqueles que vieram antes de nós. Na maioria das tradições, mostrar reverência aos antepassados por meio de ocasiões com essas é muito importante. Eis aqui os oito sabás que você precisa conhecer.

YULE (21/22 DE DEZEMBRO)

Yule é conhecida como a noite mais longa do ano, quando o inverno cobre a terra com seu manto sombrio. Este é o ponto em que nossos ancestrais demonstravam mais desespero, pois tinham que se esforçar ao máximo para sobreviver até o ano seguinte. Yule representa a morte, o círculo da vida e a transformação dos ciclos vitais. Simbolicamente, vemos a morte da sábia anciã (a morte das plantas e da vida à nossa volta), enquanto ela passa o cetro para a jovem donzela (esperança de uma nova vida). Meu exemplo favorito disso, extraído da cultura *pop*, é da série *Jovens Bruxas*, quando Prue Halliwell morre e Paige Matthews recebe as boas-vindas.

As coisas que as bruxas mais gostam de fazer em Yule:

- Acender uma fogueira com os amigos.
- Beber vinho com especiarias e deixar cada convidado adicionar um condimento enquanto se concentra no que deseja para o ano seguinte.
- Decorar e queimar o tronco de Yule.
- Compartilhar refeições com familiares e amigos.
- Usar hortelã, que é o aroma e o sabor deste sabá.

IMBOLC (1º/2 DE FEVEREIRO)

Imbolc é a época em que o clima frio começa a se intensificar. Esse é o momento em que percebemos que as coisas voltarão a se renovar e podemos desejar que o frio vá embora. Simbolicamente, Imbolc representa movimento e a consciência de que há um futuro pela frente. Aceitamos a morte de Yule e aguardamos o nascimento da primavera. Meu exemplo favorito, extraído da cultura *pop*, é do filme *Da Magia à Sedução*, quando Sally consegue sair da cama, após a morte do marido. As coisas ainda não estão bem, mas ela começa a reunir forças para seguir em frente.

As coisas que as bruxas mais gostam de fazer em Imbolc:

- Reservar um tempo para a expressão artística.
- Passar algum tempo na quietude do lar, preparando-se para a nova vida que em breve desabrochará outra vez.

∴ Cuidar do corpo enquanto ele se recupera do frio.
∴ Refletir sobre as mudanças que ocorreram nos últimos meses de inverno.
∴ Fazer meditações, tirando proveito da quietude da Terra.
∴ Usar baunilha, o aroma e o sabor deste sabá.

OSTARA (21/22 DE MARÇO)

Ostara é quando ocorre o degelo e o chão está fértil e pronto para o crescimento da vegetação e o plantio de novas ideias. Este é o momento em que podemos semear coisas (no sentido literal e figurado) as quais queremos que floresçam, como vegetais e objetivos. Meu exemplo favorito, extraído da cultura *pop*, é de *Buffy, a Caça-Vampiros*, quando Willow ressuscita Buffy. A vida está literalmente "rastejando para fora da terra".

As coisas que as bruxas mais gostam de fazer em Ostara:

∴ Decidir quais ações serão executadas no resto do ano. Ajudar amigos e familiares a fazer planos também.
∴ Cultivar a terra e observar o crescimento das plantas sob a luz solar.
∴ Esvaziar os ovos e pintar a casca deles. Em seguida, inserir tiras de papel nos ovos, com os objetivos que você deseja alcançar na vida.
∴ Usar lavanda, o aroma e sabor deste sabá.

BELTANE (1º DE MAIO)

Beltane é o momento em que todo o plantio que fizemos, durante Ostara, começa a ganhar vida. As flores estão brotando, o Sol está aquecendo a terra e as cores estão voltando a enfeitar o mundo. Simbolicamente, Beltane representa a alegria dos novos começos, assim como a inocência, razão pela qual esse sabá é muitas vezes associado aos "encantados"*. Os encantados – dentre eles, as fadas – são criaturas do Outro Mundo que vêm ao nosso mundo por meio dos elementos. Meu exemplo favorito, extraído da cultura *pop*, é uma personagem de *As Bruxas de Eastwick*, Sookie, e sua capacidade de fazer as plantas crescerem.

As coisas que as bruxas mais gostam de fazer em Beltane:

- Ensinar os jovens sobre as fadas e fazer oferendas a elas.
- Dar uma pausa no trabalho duro de Ostara e desfrutar de alguma diversão inocente.
- Acender uma fogueira com seus amigos. Vocês podem até brincar de saltar a fogueira*! Essa é uma prática em que se salta uma pequena fogueira como uma forma simbólica de saltar do nosso mundo terreno para o mundo da magia.
- Usar mel, o aroma e o sabor deste sabá.

LITHA (21/22 DE JUNHO)

Litha é o meio do verão. É quando os raios do sol estão fortes e intensos. Simbolicamente, o solstício de verão tem tudo a ver com o calor do fogo. Suas metas anuais devem estar progredindo e você está trabalhando duro, mas se divertindo também. O calor do fogo nos dá uma razão para ficar em movimento e entrar em ação. Meu exemplo favorito, extraído da cultura *pop*, é da série *Jovens Bruxas*, quando Phoebe decide que a vida dela é intensa demais e decide se tornar uma sereia.

As coisas que as bruxas mais gostam de fazer em Litha:

- Apreciar todo o trabalho árduo que realizou este ano.
- Enfrentar o calor do sol com festas na piscina e passeios à praia.
- Passar mais tempo com seu coven! Dedicar um dia inteiro, se possível, aos relacionamentos da sua vida. Talvez você possa se refrescar, com os amigos, tomando uma sangria de vinho branco.
- Realizar uma cerimônia em homenagem ao Deus ou à Deusa e comemorar sozinha ou com a pessoa que estiver com você por considerá-la uma mulher forte.
- Usar limão, o aroma e o sabor deste sabá.

LAMMAS (POR VOLTA DE 1º/2 DE AGOSTO)

Lammas é quando começamos a sentir o calor do sol enfraquecendo e percebemos que o inverno começará em breve. A lavoura está crescendo e os animais estão saudáveis... por enquanto. Simbolicamente, Lammas é um período de sacrifício. Do que você está disposta a desistir para lançar um feitiço ou para melhorar a sua vida? Meu exemplo favorito, extraído da cultura *pop*, é da série *American Horror Story: Coven*, quando Cordelia tem que sacrificar a alma de Nan para deter o anticristo.

As coisas que as bruxas mais gostam de fazer em Lammas:

∴ Desistir de algo que não serve mais (pelo menos por um período de tempo).

∴ Assar pão! O pão é muito importante nas celebrações de Lammas, pois o trigo é colhido para produzi-lo.

∴ Meditar e ser grata pela abundância que teve durante o ano.

∴ Deixar a casa limpa: a limpeza da primavera é importante, mas a limpeza durante Lammas não apenas serve para você separar itens que está disposta a sacrificar, mas também para se preparar para o próximo Mabon.

∴ Usar alecrim, o aroma e o sabor deste sabá.

MABON (21/22 DE SETEMBRO)

Mabon é o sabá celebrado na época em que a colheita está concluída. A terra está começando a esfriar e fazemos mais planos dentro de casa. Simbolicamente, Mabon é sobre banquetes dentro de casa e o fogo doméstico. Torne a sua casa um lugar mais aconchegante e acolhedor, use todas as sobras de frutas para preparar geleias, faça ensopados e aproveite para economizar. Seus objetivos devem estar se realizando neste momento, agora, portanto, é hora de pensar em poupar. Meu exemplo favorito disso, extraído da cultura *pop*, é da série *Jovens Bruxas*, quando Piper usa seu talento especial para cozinhar e fazer da sua casa um lugar quente e seguro para a família.

As coisas que as bruxas mais gostam de fazer em Mabon:

- Preparar geleias e tortas de frutas.
- Decidir como você economizará os frutos (metafóricos) do seu trabalho, que ganhou alcançando suas metas este ano.
- Planejar encontros para incentivar a comunidade. Pode ser uma grande refeição para comemorar o ano.
- Dar aos menos favorecidos aquilo que você não precisa mais.
- Usar sua fruta favorita – este é o aroma e o sabor do seu Mabon.

SAMHAIN (31 DE OUTUBRO)

Samhain, o último sabá antes do inverno chegar, é celebrado no fim do outono. As colheitas consistem em plantas robustas como cabaças, abóbora e batatas. Samhain é uma data para agradecer àqueles que vieram antes de nós. Simbolicamente, Samhain tem relação com os mortos: nós nos vestimos como eles, deixamos oferendas para eles e agradecemos a eles por tudo o que fizeram por nós. Meu exemplo favorito, extraído da cultura *pop*, é do filme *A Vida É uma Festa*. A representação do mundo espiritual e do Dia dos Mortos, no filme, corresponde exatamente ao modo como muitas bruxas homenageiam seus ancestrais durante o Samhain.

As coisas que as bruxas mais gostam de fazer em Samhain:

- Montar um altar para seus antepassados.
- Organizar um jantar silencioso para espíritos visitantes.
- Deixar oferendas numa encruzilhada* (um local onde duas vias se encontram), para espíritos que vagam por esse tipo de lugar.
- Usar abóbora, o aroma e o sabor deste sabá.

Ciclos lunares

LUA NOVA A lua nova, a primeira fase lunar, não é visível a olho nu. Esee ciclo é muitas vezes usado como um período para reflexão, introspecção e meditação. É perfeito para pensar nas coisas novas que podem surgir na sua vida e em quais objetivos você deseja alcançar. Também é ideal para trabalhos de magia que exigem uma energia renovada ou novos começos.

LUA CRESCENTE A lua crescente é quando esse astro passa da fase nova e fica mais cheia a cada noite. A lua crescente é um ótimo momento para seguir em frente, criar um plano de ação ou iniciar mudanças lentamente, com o passar do tempo. Os trabalhos de magia realizados durante essa fase exigem paciência, caso visem um avanço.

LUA CHEIA Na fase cheia a Lua está em sua plenitude. Essa é a fase da lua favorita da maioria das pessoas e geralmente é considerada uma Lua "boa para qualquer feitiço". Eu tendo a discordar. A lua cheia é carregada de energia, o que pode ser avassalador, por isso é melhor considerar com sabedoria que tipo de feitiço você vai fazer nessa Lua, especialmente se é uma bruxa novata. Muitas bruxas usam a lua cheia para limpar e carregar seus instrumentos com energia, o que é ótimo. Os trabalhos de magia que requerem uma explosão de energia também são mais potentes quando lançados durante a lua cheia. No entanto, não é apropriado lançar feitiços que exigem mais sutileza ou requinte durante essa fase da Lua.

LUA MINGUANTE Nesse período, a Lua está passando da fase cheia para a fase nova e ficando menor a cada noite. Esse é momento de você se concentrar no que realizou, nas pontas soltas que precisam ser amarradas e nas questões que necessitam ser concluídas. Feitiços de reversão podem ser lançados durante essa fase, porque você pode usar a Lua como uma representação daquilo que você deseja dissipar com a magia.

MÚSICAS, HINOS E CÂNTICOS

O poder das músicas, dos hinos e dos cânticos é palpável e muito útil na bruxaria.

A música é uma expressão criativa lírica na qual se conta uma história ou se cria uma ação. O hino é uma música que é, especificamente, uma forma de adoração. Com o hino, envia-se uma energia para ser ouvida pelos espíritos. Esta é uma forma de serviço e uma maneira de prestar homenagem e mostrar apreço a todas as divindades com que você trabalha. É por isso que os hinos são tão populares no cristianismo.

Um cântico, por outro lado, é uma linguagem espiritual que significa transcender mundos e conectar a todos. Os cânticos são usados para criar magia e ação. Se os hinos e as canções *elevam* a energia para que ela seja reconhecida, os cânticos *irradiam* a energia de modo a abastecer trabalhos, magias e transformações.

Como criar a sua própria canção

As músicas são como feitiços, portanto, você as cria do mesmo modo. A primeira coisa a se pensar é na sua intenção. Escolha com cuidado as palavras mais precisas e satisfatórias, que captam suas intenções e emoções. A partir de então, você pode ser criativo e inventar padrões que sejam bons para você.

Aqui está uma excelente dica de Fiona Horne, uma bruxa e vocalista da conhecida banda australiana Def FX, que usa a música para conjurar magia: "Experimente e encontre um tom, nota ou tecla (ou apenas um som) que você realmente goste de cantar. Esse é o tom que deixa você relaxada e a diverte, o tom que você consegue sentir vibrando no peito e na boca. Você pode cantá-lo alegremente em voz baixa ou alta, sem que sua garganta fique doendo. Baseie seus cânticos nisso e você os expressará com mais paixão, entusiasmo e, por fim, poder".

ONDE PRATICAR MAGIA

Quando se trata do lugar onde praticar magia, lembre-se de que o lugar perfeito é aquele que lhe dá privacidade para que a sua magia flua. Não force uma situação que lhe impeça de se soltar. No final das contas, o espaço que lhe deixa mais confortável sempre será o ideal para a sua prática.

AO AR LIVRE Se tiver acesso a um espaço privativo externo, onde possa praticar, você descobrirá que ao ar livre sua magia é mais intensa. Água, grama, árvores e espaços abertos podem ser ótimos para praticar magia. Cemitérios também podem ser ótimos lugares para bruxas que trabalham com o espírito dos mortos. Os espaços ao ar livre lhe oferecem a oportunidade de encontrar uma pedra ou tronco que possa usar como um altar natural. Você pode enfeitá-lo com elementos naturais como flores, terra ou água. Essa é uma maneira maravilhosa e ecológica de montar um altar novo cada vez que pratica.

DENTRO DE CASA As bruxas da cidade sabem que nem todo mundo tem acesso a espaços ao ar livre onde praticar magia. Mas ter um espaço reservado dentro de casa é igualmente valioso. Trabalhar entre quatro paredes não torna sua magia inferior; você talvez só tenha que se esforçar mais para estabelecer uma conexão com a natureza. No entanto, por outro lado, quando trabalha dentro de casa, você pode montar um altar permanente, com velas e incenso, sem precisar desmontá-lo a cada feitiço.

COMO USAR ALTARES E REALIZAR RITUAIS

Tanto os altares quanto os rituais podem ter várias formas. Se você participa de uma tradição estabelecida, provavelmente tem de seguir diretrizes para montar um tipo específico de altar, além de precisar executar determinados rituais. Se você pratica por conta própria, no entanto, tem mais liberdade nesse sentido.

O altar é um lugar para você armazenar sua energia, e os rituais podem ser criados com base no modo como você aprendeu a gerar energia.

Seus feitiços podem se tornar mais fáceis e poderosos se você desenvolver sua própria maneira de praticar e mantiver um relacionamento pessoal com o lugar onde realiza seus feitiços, pois a constância reforça a magia.

Altares

Um altar é um espaço de trabalho para você realizar oferendas e praticar magia. Ele deve ser um espaço energeticamente carregado para você.

A maneira como você monta seu altar depende de qual tradição de bruxaria você adotou. Se pratica bruxaria não religiosa, você pode montar seu altar com base no que você quiser. Por exemplo, você pode configurá-lo com base na estação em que está, no sabá mais próximo, no feitiço que está lançando ou no deus ou deusa com que gosta de trabalhar. Você pode até criar um altar para seus ancestrais ou para os espíritos, a fim de estabelecer um relacionamento mais próximo com o mundo espiritual.

Por tradição, os altares são enfeitados com itens que representam diferentes elementos. Uma maneira de criar um altar é usar uma bússola para determinar qual parte dele está voltada para o Norte. Assim você pode configurá-lo da seguinte maneira: o Norte normalmente representa a terra, então é onde você pode colocar seu símbolo do elemento Terra, como terra, flores ou cristais. O Sul representa o elemento Fogo, geralmente simbolizado por uma vela. O Leste é o Ar, então você pode colocar mensageiros dos ventos, um sino ou incenso nesse espaço. E o Oeste é a direção do elemento Água, então um pequeno recipiente com água ou sal pode ser colocado nessa área. O centro geralmente é reservado para um item de significado espiritual ou para algo que seja o foco do seu trabalho de magia.

À medida que lê este livro, você começará a entender quais objetos combinam mais com você e a fazem se sentir mais poderosa. Esses são os itens que você deve manter no seu altar. De algum modo, eles ganharam espaço na sua vida.

Rituais

Os rituais, assim como os altares, são específicos de certas tradições e podem ser extremamente pessoais. No entanto, aqui está uma estrutura básica que você pode seguir:

1. **Proteger**

    O primeiro passo para realizar um ritual é criar um ambiente protegido e um espaço sagrado (o que às vezes é chamado de "lançar o círculo"*). Isso pode ser feito da maneira em que você se sentir mais confortável. Se você se sente bem meditando, pode fazer isso enquanto implementa a técnica da proteção da luz branca, descrita anteriormente, na página 59. Você pode criar um círculo de ervas, velas e cristais, ou pode simplesmente tomar um banho de limpeza e proteção com ervas e óleos.

2. **Gerar energia**
   Se você optar por aderir a uma tradição específica, saiba que haverá uma maneira prescrita de aumentar a energia. Se optar por não seguir uma tradição, deve experimentar vários caminhos e decidir o que funciona melhor para você. Para isso, empregue qualquer uma das técnicas para usar a energia que descrevemos anteriormente nas páginas 48-50. Algumas bruxas geram energia e poder cantando, invocando espíritos ou deuses/deusas ou dando as boas-vindas à energia de diferentes elementos por meio das palavras.

3. **Fazer trabalhos de magia ou intenção**
   Nesta etapa, você faz seu trabalho de magia, definindo a intenção a partir da qual você quer que a mudança ocorra. Você pode fazer um feitiço, uma poção ou um óleo, realizar certas ações ou simplesmente indicar o que deseja.

4. **Fechar o círculo**
   É neste momento que você libera a energia e encerra o ritual. Manda embora, deixa de lado ou se despede daquilo que usou para gerar a energia, logo de início. Você pode fazer isso revertendo a evocação dos elementos, agradecendo e se despedindo de espíritos, deuses ou deusas ou acalmando sua mente e liberando a energia para o universo, de modo que o feitiço se cumpra.

Os rituais e cerimônias são sagrados. Se você optar por uma tradição, lembre-se de se sentir grata pelas maneiras especiais pelas quais você é ensinada a praticar. E se resolver trilhar o seu próprio caminho, honre-o.

Lançamento de feitiços

Assim como acontece com outros tipos de ritual, toda bruxa tem sua maneira pessoal e única de intensificar seu poder antes de fazer um feitiço. Você pode achar que uma certa hora do dia, uma determinada roupa ou uma certa preparação podem aumentar seu poder. Experimente de tudo e veja o que funciona melhor no seu caso! Na segunda metade deste livro, vou apresentar alguns feitiços, mas, antes de começar a experimentá-los, eu quero que você entenda a estrutura básica da arte de lançar feitiços.

Estrutura ritualística simples do lançamento de feitiços:

1. Conecte-se à energia do mundo da maneira que desejar.

2. Aumente seu poder usando ou fazendo qualquer coisa que a faça sentir o poder se intensificando através do seu corpo.

3. Realize seu feitiço usando o método que preferir – petições, ervas, magia popular, artesanato, óleos essenciais, cristais ou declarando intenções.

4. Conclua o feitiço e libere a energia por meio do aterramento, irradiando-a para o mundo ou dispensando qualquer espírito ou deuses que você tenha invocado.

5. Execute todas as ações que você declarou em seu trabalho de magia. Isso pode significar que você tenha que andar com um talismã junto ao seu corpo, fazer uma oferenda prometida aos espíritos ou usar óleos essenciais regularmente.

VESTIMENTAS E INSTRUMENTOS MÁGICOS

A mídia às vezes nos faz ter a impressão de que as bruxas são obcecadas por seus instrumentos e vestimentas ritualísticos. Embora isso não chegue a ser uma obsessão, as roupas e os instrumentos que as bruxas usam nos rituais são de fato importantes, porque são uma maneira pela qual a bruxa de se conecta com o mundo espiritual.

A roupa das bruxas

Quando vemos alguém usando os trajes de uma tradição religiosa, percebemos que existe ali algo diferente e especial. Certas roupas muitas vezes têm significados específicos. Os padres usam batinas, as freiras usam hábitos e assim por diante. Com as tradições religiosas de bruxaria não é diferente – existem regras para o que vestir, dependendo do nível de conhecimento do praticante ou do ritual a ser realizado. Os wiccanos alexandrinos, por exemplo, podem trajar certa túnica, assim como os bispos católicos usam determinado chapéu, mas esse é apenas um tipo de bruxaria. Não existem normas nem regulamentos universais sobre o que todas as bruxas deveriam vestir e, nos casos em que as regras existem (em tradições específicas), devo dizer que os grupos tradicionais de bruxaria tendem a ser muito discretos em relação aos detalhes de seus rituais e vestes ritualísticas.

Nas práticas das tradições não religiosas, as roupas têm um significado também. No entanto, a maioria das bruxas usa roupas normais quando faz magia. Algumas gostam de usar roupas comuns no dia a dia e outras mais específicas durante os rituais e trabalhos de magia. O aspecto mais importante de qualquer vestimenta ao praticar bruxaria é o quanto ela faz a bruxa se sentir poderosa. Se a roupa ritualística faz você se sentir boba ou constrangida, não é obrigada a usá-la.

Algumas bruxas optam por realizar bruxaria nuas (na Wicca, isso é conhecido como estar "vestida de céu"*), para se sentirem completamente abertas e livres para a terra e sua magia. A ideia é minimizar os limites entre você e a terra e os espíritos. Uma bruxa nua também pode ser interpretada como uma bruxa que não tem nada a esconder: sem máscaras, sem maquiagem pesada, sem estereótipos.

Se você é uma bruxa eclética e optou por seguir seu próprio caminho, escolher roupas ritualísticas pode ser muito divertido. Por exemplo, eu queria uma roupa especial para praticar rituais que não fizessem parte da minha rotina de lançamento de feitiços. Passei horas escolhendo um material com uma textura macia, da cor certa e que não fosse muito transparente. Agora esse traje está reservado apenas para ocasiões em que vou realizar um importante trabalho de magia.

Instrumentos mágicos

Os instrumentos são uma parte importante das cerimônias e dos rituais de bruxaria. Encontrar os instrumentos com os quais você sente uma conexão pode dar um pouco de trabalho. Pegue-os, sinta a energia, experimente-os. Use seus instintos para determinar se eles devem fazer parte da sua prática. Eu recomendo que pegue emprestado ou compre instrumentos baratos até encontrar os que são mais adequados para você. Depois você pode investir em instrumentos de qualidade.

ATHAME OU VARINHA

Os athames e as varinhas são usados como extensões da bruxa. Nós os seguramos para projetar e direcionar a energia, porque eles nos ajudam a visualizá-la e imaginá-la.

SINO

Os sinos servem para alertar os espíritos. Seu som agudo e vibrante transcende os mundos e atinge quaisquer energias, deuses, deusas ou espíritos com que estamos tentando contato no mundo espiritual.

VASSOURA

A vassoura serve para ajudar a bruxa a mover a energia. Muitas praticantes fazem uma limpeza doméstica varrendo o chão da esquerda a fim de a direita, para remover a negatividade.

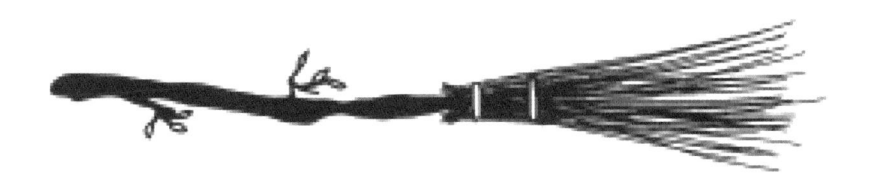

VELAS

As velas são usadas não apenas para representar o elemento Fogo em rituais, mas também para enviar a intenção de um feitiço para o ar, enquanto a vela está acesa. As velas podem ser vestidas, ungidas, roladas sobre ervas, usadas para focar a energia ou como fonte de luz, durante a prática de escriação.

CALDEIRÃO

Caldeirões de ferro fundido são instrumentos à prova de fogo usados nos trabalhos de feitiço e rituais. Eles são ótimos para queimar papel, ervas ou incenso. Eu tenho um pequeno que gosto muito de usar para fazer oferendas.

CÁLICE

Utilizar um cálice é uma maneira de diferenciar o mundano do mágico. Como um recipiente especial para usar especificamente em rituais, o cálice armazena o líquido sagrado que nutre os convidados ou encerra uma oferenda aos deuses, deusas ou espíritos.

CRISTAIS

Os cristais são materiais sólidos formados pela Terra. Muitas bruxas usam cristais por causa da energia natural dessas pedras. Algumas os utilizam como joias, algumas os adicionam aos feitiços e outras os usam em grades para dar movimento à energia.

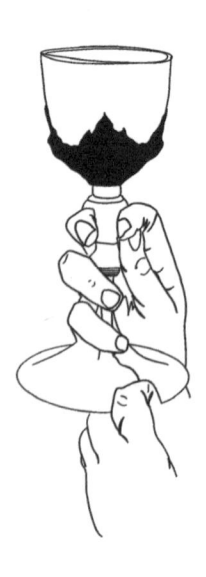

ERVAS E ÓLEOS

As ervas apresentam um duplo benefício: têm propriedades mágicas e propriedades medicinais. Você pode fazer poções, elixires, chás e tinturas com elas. Do ponto de vista mágico, as ervas podem ser usadas para criar óleos essenciais, amuletos e misturas usadas nos feitiços.

INCENSO

Queimado em rituais, meditações ou na aromaterapia, o incenso é usado para conferir ao ambiente uma atmosfera especial e sagrada.

ESTATUETAS

As estatuetas são usadas para representar figuras como deuses e deusas ou até animais. Nos trabalhos de magia, a estatueta ajuda a bruxa a captar a energia da entidade que ela representa.

Existem muitos outros instrumentos que você pode usar na bruxaria. Observe o que as outras bruxas estão usando, experimente e veja se é algo que funciona para você. Margot Adler disse uma vez que os instrumentos que utilizamos são simplesmente acessórios para nos dar suporte. Nós os usamos para intensificar nossa energia e poder, de modo que possamos fazer magia. Quaisquer que sejam os instrumentos de que você gosta, sejam os apresentados aqui ou outros, a escolha deles depende de você. Usar instrumentos só porque se sente obrigada não produzirá o resultado que você deseja, se eles não intensificarem a sua energia. Com isso em mente, sinta-se à vontade para revisitar os itens que você um dia descartou! Só porque concluiu, alguns anos atrás, que trabalhar com cristais não era para você, não significa que isso não possa mudar. A bruxaria nunca deixa de ser uma jornada mágica de exploração.

SÍMBOLOS E INDICADORES

Como outras tradições e práticas espirituais, a bruxaria tem sua própria terminologia e simbolismo. Eu relacionei o básico aqui, mas há muito, muito mais, a aprender se você escolher mergulhar mais fundo no incrível mundo do simbolismo da bruxaria.

Símbolos

Todos nós sabemos o que significa uma bandeira vermelha tremulando na praia ou um crucifixo pendurado no pescoço de uma pessoa. Hoje em dia, nós até reconhecemos os sentimentos que os emojis dos nossos celulares transmitem. Os símbolos, na bruxaria, têm significados importantes também, e conhecê-los ajudará você a navegar no mundo da bruxaria e reconhecer o trabalho das bruxas no mundo mais amplo dos não bruxos.

PENTAGRAMA E PENTÁCULO

O pentagrama é uma estrela de cinco pontas que representa a Terra, o Ar, o Fogo, a Água e o Espírito. Quando fechado dentro de um círculo, é chamado de pentagrama. Muitas bruxas consideram o pentagrama ou o pentáculo uma representação suprema da sua arte. Depois de reconhecê-lo, você começará a vê-lo em todos os lugares. Pode ser encontrado em colares, itens de vestuário e livros importantes.

TRIÂNGULO

O triângulo e a triquetra* são normalmente usados para representar a trindade. Nas tradições wiccanas e em muitas outras, são amplamente reconhecidos como o ciclo da vida da deusa – donzela, mãe e anciã. Ou podem simbolizar a trindade mais tradicional do Pai, Filho e Espírito Santo. Podem simbolizar, também, o passado, o presente e o futuro.

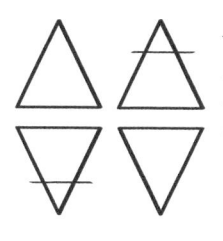

ALQUIMIA

A alquimia é geralmente representada por quatro símbolos associados aos elementos físicos: Terra, Ar, Fogo e Água. Também pode representar os quatro elementos. Visualmente, os elementos são simbolizados por triângulos: um na posição normal, um de cabeça para baixo, um na posição normal, mas com uma linha transversal, e outro de cabeça para baixo e com uma linha transversal.

CÍRCULO

Na bruxaria, o círculo representa proteção e espaço ritual sagrado. Círculos significam plenitude, perfeição e a energia infinita que nos cerca.

NÓS

Nós como o nó de escudo e outros símbolos celtas semelhantes representam movimento constante para a frente e a infinitude da vida, da morte e do renascimento.

TOTENS

Os totens de animais representam as qualidades que o praticante associa a um animal em particular. Se a pessoa tem um totem de coruja, isso significa que ela está procurando desenvolver o conhecimento e a sabedoria das corujas. Um totem de lobo poderia significar que a liberdade selvagem desses animais fala alto na alma da praticante.

SIGILOS

Os sigilos* são símbolos criados para permitir que captemos e conservemos uma certa energia ou intenção. Os sigilos são criados pela bruxa, por meio de diversas técnicas artísticas, e pode ser colocado em encantamentos, velas e outros itens, para produzir magia.

VEVES

Veves* são um grupo de símbolos usados no vodu haitiano para representar o mundo astral e as diferentes loas*, ou espíritos.

Deuses e deusas

Os deuses e as deusas não precisam fazer parte da sua tradição de bruxaria. Mas alguns acham que essas figuras são úteis na canalização de energia. Incentivo você a procurar saber mais sobre os deuses e as deusas de todas as diferentes culturas e tradições – e, como em outros aspectos da bruxaria, confie nos seus instintos sobre o que lhe parecer certo ou não.

Como você vai saber quais deuses e deusas deve conhecer? Gosto de pensar nisso como um "encontro casual" com um deus ou deusa! Essa é uma maneira divertida de conhecer muitas divindades diferentes e se apresentar a elas. Pesquise sobre algumas que lhe interessem e veja se existe alguma ligação entre vocês. Nesse caso, investigue mais o deus ou a deusa com quem sentir uma conexão. Se achar que, depois de ler sobre um certo deus ou deusa, você simplesmente não consegue tirá-los da cabeça, isso pode ser um sinal de que deve trabalhar com eles.

Existem centenas de deuses e deusas sobre os quais pesquisar: deuses celtas, gregos, nórdicos, africanos, romanos, folclóricos, do vodu... A lista é imensa. Tudo depende da sua tradição, do local onde você mora e da magia que gosta de praticar.

Se a quantidade imensa de deuses lhe deixar confusa, comece diminuindo o seu leque de opções, selecionando uma tradição de bruxaria. Se achar que um tipo mais livre de prática wiccana pode ser o ideal para você, confira os deuses e as deusas celtas e nórdicos. Ou, se você tiver uma conexão com a umbanda ou com uma magia mais popular ou hereditária, tente explorar deuses e deusas africanos ou do folclore do seu país. Você pode até trabalhar com divindades de diferentes locais ou de tradições que combinem com o seu jeito de praticar magia, se isso lhe parecer o mais correto. Ainda não tem certeza? Pesquise a sua árvore genealógica. De que região você e sua família provêm? A pesquisa dos deuses e deusas mais populares da região dos seus antepassados pode levá-la a sentir uma conexão especial que você não teria encontrado de outro modo. Ao fazer sua pesquisa, demonstre respeito pela herança cultural de outros povos e tome cuidado para não tirar vantagem de uma cultura que não é a sua. Seguir seus instintos para encontrar o que ressoa na sua alma é uma atitude louvável, mas é importante não se apropriar de um traço cultural que não lhe pertence e praticar sempre com uma postura de reverência.

Nome mágico

O uso de um novo nome na magia enfatiza a ideia de renascimento. Quando uma bruxa se une a um coven, geralmente recebe um nome mágico para indicar que agora ela é uma nova pessoa, disposta a deixar para trás quem era antes. Muitos wiccanos ou bruxas assumem nomes relacionados a estações, animais e ervas, para se sentirem mais perto da natureza ou de sua prática de magia.

Para ser exata, você não precisa escolher um novo nome para se tornar uma bruxa autêntica ou praticar qualquer tradição específica. Tudo o que você precisa já está aí, dentro de você. Muitas bruxas sentem que já nasceram bruxas e, portanto, ter um nome mágico não representa para elas nenhuma transição significativa. O nome de nascimento é o mesmo nome que elas usam na bruxaria. Para outras, receber um novo nome ou escolher um nome mágico para si pode ser algo poderoso.

Alfabetos

Conhecido como alfabeto tebano, esse alfabeto de origem desconhecida foi criado no século XVI e adotado mais tarde pelos wiccanos, que passaram a usá-lo no trabalho de magia, em rituais e feitiços. Assim como a escolha de um nome mágico, a escolha de um novo alfabeto pode ser algo bastante poderoso para a bruxa. Muitas

O ALFABETO TEBANO

A	**B**	**C**
G	**H**	**I**
N	**O**	**P**
T	**U**	**X**

D	E	F
K	L	M
Q	R	S
Y	Z	Ω

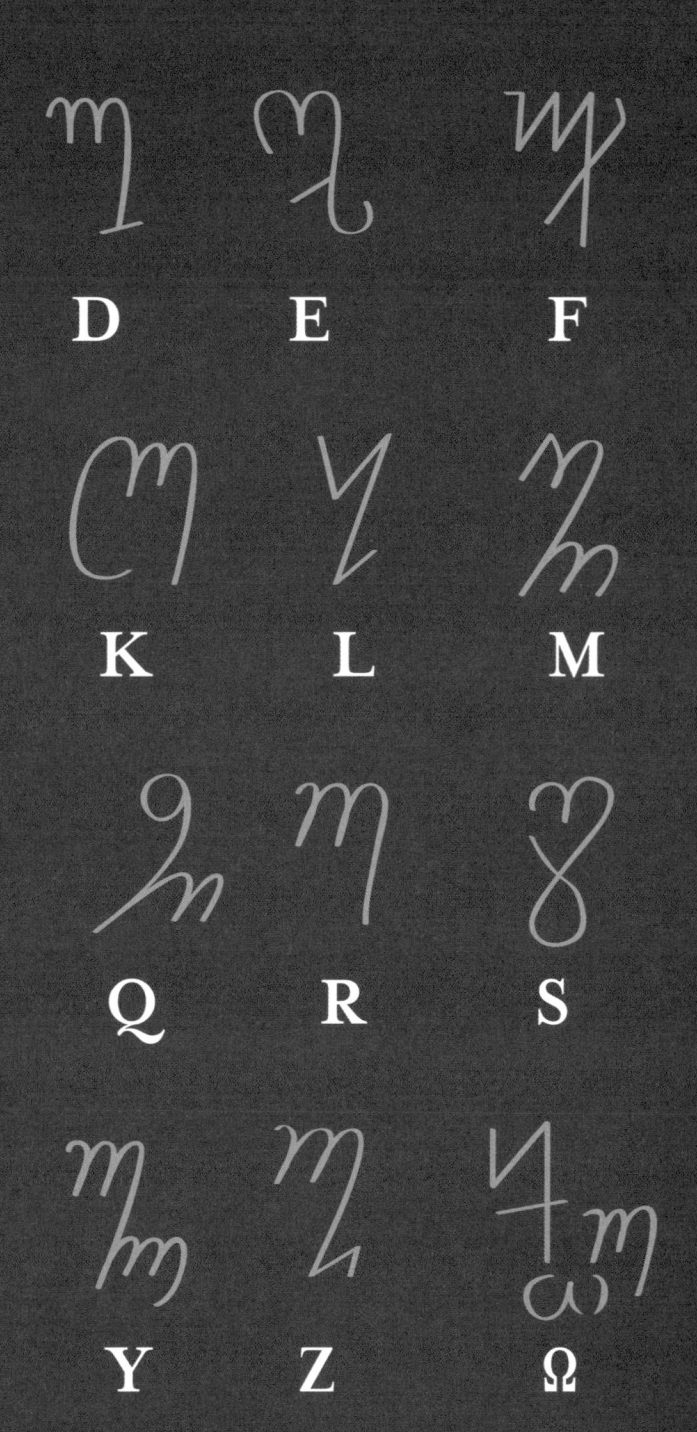

têm um Livro das Sombras*, um caderno no qual mantêm registros dos seus trabalhos de magia, pensamentos particulares e segredos espirituais. Algumas bruxas usam o alfabeto tebano ao escrever em seu Livro das Sombras. Outras utilizam esse alfabeto somente quando querem manter seus registros longe dos olhos de curiosos.

Cores

As associações de cores são uma maneira de complementar os feitiços das bruxas. Lembre-se, porém, de que a magia já existia muito antes de as pessoas aprenderem a fazer velas coloridas, então não leve tudo a ferro e fogo (figurativamente). A cor do seu sachê de ervas ou da sua vela não causará uma mudança drástica no seu poder, embora possa intensificá-lo.

O **PRETO** está associado à magia reversiva. Essa cor simboliza que você está sugando as coisas para o vácuo. Ela pode ser usada para focar coisas invisíveis, esquecidas e escondidas atrás de um véu.

O **AZUL** é a cor ideal para feitiços cujos objetivos sejam curar, acalmar e suavizar, pois ela está ligada ao elemento Água. O azul pode levar paz para qualquer situação e lembrá-la de pensar com mais clareza e objetividade.

O **ROXO** simboliza a espiritualidade. Pode representar uma autoridade (espiritual ou não) e é também a cor da realeza, por isso traz prestígio e reputação.

O **VERMELHO** está associado ao amor, à paixão, à luxúria e ao Fogo. A maioria das bruxas usa vermelho para feitiços de amor, mas esta também é uma ótima cor para dar movimento. Se você precisar de ajuda para motivar um amigo, o vermelho vai ajudá-lo a acender esse fogo.

O **ROSA FORTE** é a cor da *femme fatale*. É ótimo para ajudar a empoderar a pessoa e para chamar a atenção. Se você tem uma amiga que está tentando pôr fim a um relacionamento abusivo, o rosa forte é a cor certa para lhe inspirar confiança, sensualidade e poder.

O **COR-DE-ROSA** é a cor do amor-próprio e do amor incondicional por excelência. Ele pode representar inocência, cuidado altruísta e carinho. Essa cor também pode representar crianças e bebês.

O **AMARELO**, por ser a cor do sol, é brilhante, alegre e simboliza celebrações e felicidade. Representa abundância e funciona bem em feitiços para tornar algo melhor. Relacionamentos, amizades, vida profissional ou qualquer outra coisa em que precise de um pouco de vitalidade – o amarelo é a cor que você deve usar.

O **DOURADO** é a cor ideal para lançar feitiços relacionados a dinheiro, sucesso ou vitórias. Essa é a cor da vitória por excelência.

O **VERDE** é a cor da terra, pois lembra a vegetação e a Mãe Terra. Ele pode ajudar no aterramento e no crescimento. Além disso, o verde tem uma associação com o dinheiro e pode representar assuntos financeiros nos trabalhos de feitiço.

O **MARROM** é a cor da principal vela para aterramentos. Ele também pode representar a decisão de abandonar todo tipo de estresse e renascer, sentindo-se renovada.

O **BRANCO** está associado à limpeza, à pureza, à luz e à proteção. É também a cor escolhida quando a bruxa não consegue encontrar as velas das cores necessárias para a sua magia. Velas brancas são um suprimento indispensável para qualquer bruxa. Certifique-se de ter sempre algumas em casa.

O **PRATEADO** é outra cor que funciona bem com feitiços relacionados a dinheiro. Essa cor também está associada à magia para atingir objetivos, mas por meio de esforço e dedicação, não graças à sorte. O prateado também pode representar os espíritos.

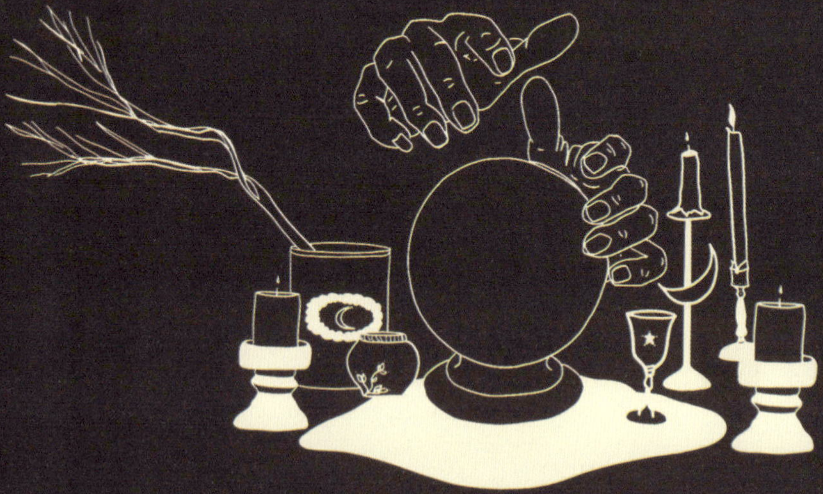

PARTE II

FEITIÇOS

O objetivo da Parte I foi ajudá-la a aprender o máximo possível sobre bruxaria e magia. Nesta parte, vamos atravessar a porta da bruxaria, entrar nesse mundo e, começar a praticar magia. Os feitiços apresentados a seguir referem-se aos temas do amor, da saúde e da cura, da carreira profissional, dos amigos e família, do trabalho espiritual e da proteção.

No Capítulo 4, descrevemos como fazer um feitiço. Antes de nos aprofundarmos nos temas desta parte, convém recapitular a estrutura básica do lançamento de um feitiço.

1. **Conecte-se à energia do mundo do modo que preferir.** agora é a hora de fazer uso das técnicas de canalização de energia que aprendemos no Capítulo 2 (páginas 48-50). Você prefere visualizar? Meditar? Canalizar a energia por meio do Reiki?

2. **Intensifique seu poder usando o método que faz você sentir a energia circulando no seu corpo.** Já mostramos como definir seu espaço e vestir trajes que fazem você se sentir poderosa. Agora é a hora de implementar isso. Você gosta da ideia de fazer um círculo de sal e velas? Um traje especial faz você se sentir mais poderosa?

3. **Lance seu feitiço usando o método que preferir — por meio de óleos essenciais, cristais, ervas, magia folclórica, artesanato, petições ou declaração de intenções.** É nesta etapa que os feitiços a seguir se encaixam no ciclo de bruxaria que estamos discutindo.

4. **Conclua o feitiço e libere a energia.** Você pode fazer isso aterrando a energia, projetando-a para o mundo ou liberando quaisquer espíritos ou deuses que tenha invocado.

5. **Execute qualquer ação que tenha declarado no seu feitiço.** Isso pode significar que você precise andar com um talismã junto ao corpo, fazer uma oferenda prometida aos espíritos ou usar óleos essenciais regularmente.

ALGUMAS OBSERVAÇÕES GERAIS ANTES DE COMEÇAR:

1. **Alguns desses feitiços podem não se encaixar no estereótipo de feitiço que você vê na mídia.** Podem parecer simples demais ou complicados demais. Peço que você encare esses feitiços com a mente aberta e use suas intenções e o poder da sua mente para direcionar sua energia e criar as mudanças que deseja. Em alguns desses feitiços, você fará um talismã com ervas e óleos para carregá-lo com você. Em outros, vai produzir tônicos para ingerir ou ferver combinações aromaterapêuticas. Como eu insisto ao longo de todo este livro, confie em si mesma e faça o que lhe parecer mais correto. Alguns métodos podem lhe agradar mais do que outros.

2. **Nunca é uma boa ideia reutilizar os ingredientes perecíveis dos feitiços.** Não reutilize alimentos, ervas frescas ou qualquer coisa que tenha sido alterada energeticamente por um feitiço.

Mal posso esperar para orientá-la na sua primeira bateria de feitiços! Vamos dar a largada.

CAPÍTULO 5

AMOR

Quando se trata de feitiços de amor, existem muitos alertas e muitas ressalvas circulando por aí. Não ajuda em nada que todo feitiço de amor lançado na série *Jovens Bruxas* tenha consequências drásticas e bizarras. Contudo, no final das contas, o feitiço de amor é como qualquer outro feitiço. Você usa uma dose de magia para tentar trazer para a sua vida algo que está faltando. Tendo isso em mente, saiba que é sempre mais sensato e inteligente ser cautelosa e cuidadosa ao lançar seus feitiços de amor.

Velas da paixão rápida	102
Talismã para ter confiança em si e amor-próprio	104
Pote de açúcar para pensamentos doces	106
Óleo para atrair o amor	108
Ritual com velas para atrair o amor	110
Feitiço para seguir em frente depois de uma separação	112
Óleo da luxúria para chamar a atenção	114
Ritual para reverenciar a si mesma como uma divindade	116

Antes de iniciarmos os feitiços, eu gostaria de contar uma breve história e dar alguns conselhos. Uma vez namorei um homem teoricamente "perfeito". Ele tinha um ótimo emprego, tínhamos nascido na mesma cidade, ele era gentil e nos dávamos muito bem. No entanto, não havia química entre nós. Eu não sentia aquela atração indomável que desejava vivenciar. Na época, eu achava que tinha que fazer esse relacionamento dar certo, então lancei o feitiço das Velas da Paixão Rápida (página 102), para que houvesse mais paixão em nossos encontros. As velas funcionavam às mil maravilhas no momento do encontro. Eu me sentia muito atraída por ele quando elas eram acesas. Mas, no final, começou a ficar muito exaustivo forçar algo que não existia naturalmente. Por esse motivo, aconselho você a não forçar atração, amor ou fidelidade a longo prazo, porque isso acaba se tornando uma verdadeira batalha. É melhor que você aproveite esse tempo e energia para atrair a pessoa certa para a sua vida, em vez de tentar remediar a situação com a pessoa errada.

DEFINA A SUA INTENÇÃO

Em todos os feitiços, é importante que você saiba o que quer e se concentre nessa intenção específica. Saber exatamente o quer, que obstáculos bloqueiam seu caminho, que parte você desempenhará no feitiço e como serão os resultados não só a ajudará a ajustar seu trabalho de magia e os ingredientes, como também deixará claro para o universo quais são os seus objetivos.

Para cada feitiço, você deve configurar seu espaço sagrado com base no que a faz se sentir mais poderosa. Os óleos essenciais e os cristais necessários neste capítulo podem ser encontrados em vários locais, como lojas de alimentos naturais, lojas esotéricas e sites brasileiros de *hoodoo*.

DICA SOBRE OS FEITIÇOS COM VELAS

Usar feitiços com velas é uma das minhas técnicas favoritas. Elas são um instrumento versátil quando se trata de realizar rituais. Você pode criar facilmente óleos e misturas de ervas para adicionar às suas velas de *réchaud* ou para ungir suas velas de castiçal*. Elas são fáceis de guardar e de usar quando você precisa de pequenos detonadores de magia.

VELAS DA PAIXÃO RÁPIDA

Às vezes, precisamos acender a chama da paixão quando estamos querendo mais intimidade com outra pessoa. Esses poderosos propulsores de magia são ótimos para acendermos nas noites que passamos com um parceiro. Com aroma de rosas, ilangue-ilangue, hibisco e canela, estas velas sensuais se tornam um recurso indispensável em seu quarto. Por que elas funcionam? A rosa e o hibisco promovem sentimentos amorosos, o ilangue-ilangue inspira sentimentos de luxúria, a canela propicia calor e movimento, e o alecrim cria uma experiência memorável. Quando você acende essas velas, elas propagam essas propriedades e aromas no ambiente. Este feitiço é de minha autoria e foi originalmente publicado na edição de fevereiro de 2017 da *Witch Way Magazine*.

QUANDO REALIZAR O FEITIÇO

Crie estas velas sempre que sentir uma torrente de poder dentro de você. Se você gosta de lançar feitiços no dia da semana mais propício, para potencializar sua magia, saiba que as sextas-feiras são o dia ideal para a maioria dos feitiços de amor e romance. Acenda as velas pelo menos uma hora antes da noite do encontro.

TEMPO NECESSÁRIO PARA LANÇAR O FEITIÇO

Leva cerca de 1 hora para preparar as velas. Ao usá-las, elas ficarão acesas por cerca de 30 minutos.

ONDE LANÇAR O FEITIÇO

Prepare estas velas na cozinha e acenda-as nas noites em que tiver um encontro.

INGREDIENTES E INSTRUMENTOS

12 velas de *réchaud* sem perfume
Uma panela grande
Cerca de 2 xícaras de água
Fogão
3 gotas de óleo de ilangue-ilangue por vela
2 gotas de óleo de canela por vela
1 gota de óleo de alecrim por vela
1 flor de hibisco desidratada por vela
1 pitadinha de pétalas de rosa (ou botões) por vela
1 pitadinha de folha de murta (*Blepharocalyx salicifolius*) por vela
1 palito de dente

1. Coloque todas as velas de *réchaud* na panela e despeje uma pequena quantidade de água para que elas flutuem. Não deixe a água entrar em contato com a cera.

2. Aqueça a panela em fogo baixo e deixe que as velas derretam enquanto você prepara os outros ingredientes.

3. Adicione, cuidadosamente, os outros ingredientes às velas. Use um palito para sustentar o pavio enquanto acrescenta as ervas e os óleos à cera derretida das velas. Se quiser, pode triturar as ervas antes, mas acrescente as gotas de cada óleo separadamente às velas. A cera talvez transborde um pouco, mas não tem problema.

4. Desligue o fogo e deixe as velas esfriarem por uma ou duas horas antes de removê-las da água e armazená-las. Acenda-as quando necessário.

TALISMÃ PARA TER CONFIANÇA EM SI E AMOR-PRÓPRIO

Nem sempre nos sentimos na nossa melhor fase, por isso às vezes temos que nos lembrar de como somos incríveis e poderosas. Este talismã a ajudará a se sentir confiante, mesmo nos dias mais difíceis. Por que ele funciona? O gengibre, o High John the Conqueror e a madressilva ajudam a turbinar a autoconfiança. A rosa ajuda a nutrir sentimentos amorosos e o olho-de-tigre restaura o poder pessoal. Este talismã, quando usado junto ao corpo, é um lembrete constante de que você é uma bruxa maravilhosa.

QUANDO LANÇAR O FEITIÇO
Crie este talismã quando começar a sentir que precisa fortalecer sua autoconfiança. O período de lua cheia é o momento ideal.

TEMPO NECESSÁRIO PARA LANÇAR O FEITIÇO
Leva cerca de 30 minutos para preparar este talismã.

ONDE LANÇAR O FEITIÇO
Prepare este talismã num espaço de trabalho confortável e poderoso, como a cozinha ou o seu altar.

INGREDIENTES E INSTRUMENTOS
1 pedaço de gengibre
1 raiz de High John the Conqueror (ou 1 colher de chá do óleo dessa raiz)
1 flor de madressilva desidratada
1 botão de rosa desidratado
1 pedra olho-de-tigre
1 saquinho (escolha uma cor que seja poderosa para você; vermelho, roxo ou cor-de-rosa são ótimas opções para esse tipo de feitiço)

5. Segure cada ingrediente nas mãos e sinta sua energia. Fique o tempo que quiser sentindo os ingredientes. Você pode adicionar ou substituir quaisquer símbolos, ervas ou cristais que não estejam na lista, mas com os quais sente afinidade e sintonia.

6. Concentre-se nas mudanças que você precisa sentir na sua vida e pense na razão por que você está lançando este feitiço.

7. Insira cada ingrediente, um por um, no saquinho.

8. Use o talismã no bolso, no sutiã, no sapato ou em qualquer lugar em que se sinta confortável, pelos dias que achar necessário, até perceber que não precisa mais dele.

9. Quando sentir que recuperou o seu poder e não precisa mais do feitiço, descarte o talismã ou guarde-o em algum lugar seguro como lembrete. Refaça o talismã toda vez que notar que precisa de um estímulo para se sentir mais autoconfiante.

POTE DE AÇÚCAR PARA PENSAMENTOS DOCES

Talvez você se depare com uma situação em que precise que alguém a veja como uma pessoa doce e carinhosa. Por exemplo, quando você quer pedir desculpas a uma pessoa e espera que ela seja receptiva às suas palavras. Ou talvez queira que um jantar em família, com aquela prima intragável, termine em paz. Este feitiço é uma técnica clássica de magia popular. Funciona porque vai cercar de doçura a pessoa em quem você está lançando o feitiço.

QUANDO LANÇAR O FEITIÇO
Prepare este pote alguns dias antes do seu encontro. O ideal é lançar este feitiço na sexta-feira, no domingo, na segunda-feira ou durante a lua cheia.

TEMPO NECESSÁRIO PARA LANÇAR O FEITIÇO
Leva cerca de 5 minutos para providenciar os ingredientes necessários para preparar este pote.

ONDE LANÇAR O FEITIÇO
Lance este feitiço na cozinha, para facilitar a limpeza.

INGREDIENTES E INSTRUMENTOS
1 caneta
1 pedaço de papel
1 pote pequeno
4 xícaras de açúcar

1. Anote no pedaço de papel o nome da pessoa que você quer que tenha bons pensamentos com relação a você.
2. Dobre o papel e segure-o enquanto visualiza sua próxima interação com essa pessoa.
3. Encha o pote até a metade com açúcar.
4. Coloque o papel no pote. Em seguida, termine de encher o pote com o açúcar.
5. Mantenha o pote num local seguro, até que o feitiço não seja mais necessário. Você pode descartar o feitiço jogando fora todos os ingredientes ou enterrando-o.

ÓLEO PARA ATRAIR O AMOR

Este óleo é enriquecido com aromas doces e picantes, para incentivar o amor a se aproximar de você. Aplique algumas gotas dentro dos sapatos na sexta-feira, unte as velas com ele para fazer um feitiço ou use-o como perfume. A rosa e o hibisco inspiram sentimentos de amor, o ilangue-ilangue inspira sentimentos sensuais, o óleo Road Opener remove todos os bloqueios, o alecrim propicia a fidelidade e o óleo de almíscar atrai a outra pessoa.

QUANDO LANÇAR O FEITIÇO
As sextas-feiras são o dia mais propício para o amor, portanto, lançar este feitiço nesse dia é o ideal. A lua cheia ou a lua crescente são boas fases, se você quiser trabalhar com a Lua.

TEMPO NECESSÁRIO PARA LANÇAR O FEITIÇO
Leva cerca de 15 minutos para providenciar os ingredientes necessários para preparar este feitiço.

ONDE LANÇAR O FEITIÇO
Prepare esta receita na cozinha, para facilitar a limpeza.

INGREDIENTES E INSTRUMENTOS
Frasco com tampa
Óleo carreador (suficiente para encher o frasco até a metade)
Uma pétala de rosa desidratada
1 ramo de alecrim desidratado
1 flor de hibisco desidratada
6 gotas de óleo de rosas
6 gotas de óleo de ilangue-ilangue
3 gotas de óleo de almíscar egípcio
3 gotas de Road Opener [óleo *hoodoo* para Abrir Caminhos]

1. Encha o frasco até a metade com o óleo carreador.
2. Adicione a pétala de rosa, o alecrim e o hibisco.
3. Em seguida, adicione o óleo de rosas, o óleo de ilague-ilangue, o óleo de almíscar egípcio e o óleo Road Opener.
4. Agora você pode adicionar outros ingredientes de que gosta ou pode personalizar seu óleo, acrescentando outros ingredientes.
5. Concentre-se nas mudanças de que você precisa na sua vida. Por que você está fazendo este feitiço? Pense nisso enquanto trabalha.
6. Pare de usar este óleo depois que seu objetivo for alcançado.

DICA Os óleos carreadores são um tipo de óleo usado para diluir os óleos essenciais. Certos óleos essenciais podem ser fortes demais para serem usados diretamente na pele. Os óleos carreadores mais populares são o óleo de coco fracionado, o óleo de amêndoas, o óleo de uva e o óleo de abacate.

RITUAL COM VELAS PARA ATRAIR O AMOR

Este é o feitiço ideal para ajudar a atrair possíveis romances. Lance este feitiço quando estiver interessada em conhecer novas pessoas e não tiver um companheiro em mente. Os ingredientes desta receita que "fazem as coisas acontecerem" são a vela vermelha, que representa o amor romântico, e a vela cor-de-rosa, que representa o amor incondicional. Juntar essas duas velas é o ideal para atrair novos parceiros. O uso dessa combinação de óleos e ervas vai atrair vários pretendentes para a bruxa que faz o feitiço.

QUANDO LANÇAR O FEITIÇO
As sextas-feiras são conhecidas como o dia do amor, portanto, lançar este feitiço na sexta-feira é o ideal. O período da lua cheia ou o da lua crescente são bons momentos, se você quiser aproveitar as influências da Lua.

TEMPO NECESSÁRIO PARA LANÇAR O FEITIÇO
Este feitiço leva cerca de 30 minutos.

ONDE LANÇAR O FEITIÇO
Faça este ritual no lugar mais tranquilo da sua casa, de preferência num local de meditação.

INGREDIENTES E INSTRUMENTOS
1 colher de sopa de pétalas de rosa desidratadas
1 colher de sopa de alecrim desidratado
1 colher de sopa de hibisco desidratado
Óleo para atrair o amor (página 108)
1 vela de castiçal vermelha
1 vela de castiçal cor-de-rosa

1. Misture a pétala de rosa, o alecrim e o hibisco numa tigela e triture-os até que virem pó. Coloque o pó numa superfície rígida e fácil de limpar.
2. Passe o óleo para atrair o amor nas velas, saturando a superfície completamente.
3. Em seguida, role as velas no pó de ervas que você criou.
4. Quando se sentir pronta, acenda as duas velas.
5. Enquanto as velas queimam, feche os olhos e visualize seu resultado ideal. O que a impediu de encontrar o amor no passado? Imagine que está superando esses obstáculos com sucesso. Quais são as qualidades do seu parceiro ideal? Como será uma noite com seu parceiro ideal? O que seu parceiro fará por você? O que você fará por ele? Como você imagina conhecer esse parceiro? Analise esse novo cenário de todos os ângulos diferentes, para que sua intenção seja clara. Faça essa meditação enquanto a vela queima, até ela chegar ao fim ou por cerca de 20 a 30 minutos.

FEITIÇO PARA SEGUIR EM FRENTE DEPOIS DE UMA SEPARAÇÃO

Rompimentos podem ser dolorosos e difíceis de superar. Este feitiço vai ajudá-la a se desapegar do seu ex-companheiro. Usando o fogo para romper as amarras e depois a água para seguir em frente, você estará pronta para um novo capítulo na sua vida amorosa.

QUANDO LANÇAR O FEITIÇO
A lua nova é uma boa ocasião para lançar este feitiço.

TEMPO NECESSÁRIO PARA LANÇAR O FEITIÇO
Leva cerca de 20 minutos para este feitiço ser concluído (excluindo o trajeto até um rio, que é opcional).

ONDE LANÇAR O FEITIÇO
Lance este feitiço num local tranquilo e isolado.

INGREDIENTES E INSTRUMENTOS
1 vela de castiçal azul-clara
1 pedaço de papel
1 caneta
1 recipiente à prova de calor para coletar cinzas
Rio ou 1 tigela com água

1. Sentada num espaço confortável, acenda a vela e reserve alguns minutos para meditar, concentrando-se na sua situação. O que você quer alcançar? Como ocorreu a separação? O que você pode fazer no futuro para evitar os mesmos erros cometidos no relacionamento?

2. Escreva algumas palavras que definam o próximo passo que você gostaria de dar. Por exemplo, "seguir em frente" ou "avançar na minha carreira" ou "encontrar um amor mais sincero" – qualquer coisa em que você queira se concentrar, em vez de pensar na separação.

3. Coloque fogo no papel e diga suas palavras em voz alta. Disponha o papel no recipiente à prova de calor. Observe-o queimando e a fumaça se espalhando no ar, enviando sua mensagem para o mundo.

4. Quando estiver pronta, leve as cinzas a um rio ou coloque-as na tigela com água. Solte as cinzas na água. Isso ajudará a pôr movimento no seu feitiço, para que você possa seguir em frente e se transformar na pessoa que você quer ser no próximo capítulo da sua vida.

ÓLEO DA LUXÚRIA PARA CHAMAR A ATENÇÃO

Use este óleo quando estiver pronta para chamar um pouco de atenção e adicionar magia glamorosa à sua vida. Este feitiço se destina a atrair flertes – não um relacionamento amoroso. Coloque o óleo nos pulsos, na clavícula ou atrás das orelhas quando estiver pronta para atrair energia de intimidade física para a sua vida. A rosa atrai sentimentos românticos, a pimenta-do-reino inspira uma atração intensa (especialmente nos homens; se você não quiser atrair homens, talvez não deva acrescentar esse ingrediente) e o almíscar é outra erva que deixa você mais atraente. Este feitiço é de autoria de um bruxo glamoroso por excelência, Michael Herkes, e foi publicado originalmente na edição de fevereiro de 2018 da *Witch Way Magazine*.

QUANDO LANÇAR O FEITIÇO
Prepare este óleo quando sentir sua energia mágica no auge da sua força. Como este feitiço é feito para chamar a atenção, você vai querer muito poder por trás dele. A lua cheia pode ajudar nesse aspecto.

TEMPO NECESSÁRIO PARA LANÇAR O FEITIÇO
Leva cerca de 10 minutos para preparar este óleo.

ONDE REALIZAR O FEITIÇO
Crie este óleo no seu altar ou na cozinha. Ele é um óleo de poder, por isso escolha o local que lhe parecer mais cheio de energia.

INGREDIENTES E INSTRUMENTOS
2 colheres de sopa de óleo carreador
1 frasco pequeno com tampa
1 colher de sopa de óleo de rosas

1 colher de sopa de óleo de pimenta-do-reino (teste na pele, pois ele pode causar irritação)
1 colher de sopa de óleo de almíscar egípcio

1. Derrame o óleo carreador no frasco.
2. Em seguida, adicione o óleo de rosas, o óleo de pimenta-do-reino e o óleo de almíscar egípcio.
3. Concentre-se nas mudanças que você quer na sua vida. Por que você está fazendo o feitiço? Pense nisso enquanto trabalha com as ervas.
4. Guarde o feitiço até estar pronta para usá-lo.

RITUAL PARA REVERENCIAR A SI MESMA COMO UMA DIVINDADE

Em muitas tradições, as bruxas gastam muito tempo e energia cultuando e reverenciando deuses e deusas. Nós fazemos oferendas, executamos ações por eles e lançamos feitiços que lhes enviam energia. Às vezes, os "canais" da nossa própria magia podem parecer "bloqueados". Se reservar um tempo para reverenciar e tratar a si mesma como trataria um deus ou uma deusa, enviando energia e oferendas de cura para você mesma, vai se sentir renovada.

QUANDO LANÇAR O FEITIÇO

Escolha uma noite tranquila, em que ninguém a interromperá. As noites de sexta-feira são uma ótima opção, pois sexta-feira é o dia de Freya, a deusa nórdica do amor. Ou se você gosta de trabalhar com a Lua, escolha uma noite de lua cheia ou de lua fora de curso* (quando esse astro transita de um signo do zodíaco para outro).

TEMPO NECESSÁRIO PARA LANÇAR O FEITIÇO

Reserve um mínimo de 3 horas para este feitiço, assim você não terá que se apressar.

ONDE LANÇAR O FEITIÇO

Faça este ritual em várias partes da casa.

INGREDIENTES E INSTRUMENTOS

Velas
Suas flores favoritas
Roupa que faz você se sentir mais poderosa
Bombas de banho, óleos de banho ou sais de banho
Cosméticos favoritos, como máscaras faciais ou esfoliantes
Áudio de meditação orientada favorito
Filme, álbum de música ou livro favorito

Ingredientes para fazer sua refeição favorita

Ervas de limpeza (para limpar o espaço), como sálvia, alecrim ou palo-santo

1. Comece preparando seu ambiente: acenda velas, desligue as luzes e enfeite tudo com flores. Este ritual é para você ver a si mesma como a uma divindade, fazendo oferendas a si mesma para aumentar seu poder pessoal. Vista suas roupas ritualísticas – qualquer traje que faça você se sentir bonita ou poderosa. Reúna lentamente itens de banho, cosméticos, o áudio de mediação orientada, a sua mídia predileta e tudo de que precisa para preparar sua refeição favorita.

2. Antes de continuar, reserve um tempo para limpar seu espaço físico com as ervas preparadas, queimando-as em forma de incenso ou num rolo de defumação*.

3. Se você optar por lançar um círculo (ou seja, criar um campo de energia protetora e de foco em torno de si) ou por dar as boas-vindas aos elementos (consulte a página 82), faça isso neste momento. Nenhuma parte deste ritual deve ser estressante; portanto, não se apresse.

4. Prepare sua refeição e depois a saboreie.

5. Agora é hora de começar a se mimar. Se quiser, aplique no rosto uma máscara de beleza. Se possível, prepare um banho de imersão. Adicione à água óleos, sais de banho, bombas de banho ou banho de espuma.

6. Mergulhe na banheira e deixe seu estresse e suas preocupações se dissolverem. Caso não tenha banheira, tome um banho de chuveiro relaxante e perfumado.

7. Este é o momento da mediação orientada. Ouça e relaxe enquanto toma banho.

8. Quando o banho terminar, enxugue-se e volte a vestir as mesmas peças de roupas poderosas.

9. Em frente ao espelho, olhe nos seus olhos e veja a si mesma como uma divindade. Fale as palavras "Eu sou um ser poderoso, sou um canal para o Bem e a Mudança. Sou um ser honrado, amado e respeitado. Que todas as energias negativas que obstruem o meu caminho voltem para o lugar de onde vieram".

10. Agora que você foi purificada e mimada, realize um feitiço de amor-próprio ou qualquer outro trabalho mágico que sua intuição mandar.

11. Continue seu ritual entregando-se a seu filme, álbum de música ou livro favorito.

CAPÍTULO 6

SAÚDE E CURA (PARA VOCÊ E OUTRAS PESSOAS)

Neste capítulo, vamos nos concentrar em feitiços que ajudem a promover a saúde e a cura. As ervas têm propriedades reais e poderosas, portanto, não as use levianamente. Assim como você faria com medicamentos tradicionais, fale com o seu médico ou um herbalista de confiança antes de ingerir ervas das quais só ouviu falar, conheceu na internet ou soube da existência por intermédio deste livro. Cada organismo reage de um modo, por isso é importante tomar cuidado e ter responsabilidade. Lançar um feitiço de cura é um recurso valioso, mas isso não significa que você deva parar de tomar o medicamento que seu médico receitou. Antes de experimentar qualquer um desses feitiços, verifique se você está bem informada sobre sua condição de saúde. Tenha consciência de que a magia não lhe proporcionará resultados instantâneos. É preciso ter paciência e deixar a energia surtir efeito.

Promova a saúde de uma família doente	122
Tônico para uma saúde perfeita	124
Talismã para acelerar a cura física	126
Poção para o bem-estar e a abundância	128
Ritual para se libertar do sofrimento	130
Óleo Brilho da Lua	132

DEFINA A SUA INTENÇÃO

O que há de mais maravilhoso no ato de cuidar da mente e do corpo por meio da magia é o fato de que podemos perceber uma relação direta entre a saúde dessas duas entidades. Quanto menos sobrecarregada está a mente, mais facilmente conseguimos nos focar na magia. Quanto mais lento e preguiçoso está nosso corpo, mais difícil é para nós canalizar movimento e energia. A conexão corpo-mente é poderosa. É por isso que é importante lembrar que os feitiços não podem reverter anos de maus-tratos ou falta de cuidados pessoais. Um feitiço de cinco minutos não vai fazer você perder 20 quilos ou curá-la de um trauma de infância. Porém, o que a magia pode fazer é ajudar você a dar o primeiro passo em direção à cura. Um chá de ervas desintoxicante pode prepará-la para adotar uma alimentação mais saudável; um ritual para banir a dor do passado pode ajudá-la a seguir em frente.

A melhor técnica para a cura é definir sua intenção. Se você pode imaginar, também pode criar um caminho para a mudança que deseja e usar a magia para ajudá-la em cada etapa da jornada.

> **UMA DICA SOBRE POÇÕES FUMEGANTES**
> Este método simples e fácil é perfeito para bruxas que se sentem à vontade na cozinha. Basta encher uma panela com água e deixá-la fervendo no fogão, com óleos e ervas que a ajudem a construir fortes intenções.

PROMOVA A SAÚDE DE UMA FAMÍLIA DOENTE

Especialmente se você tem filhos, é possível que você se veja com duas ou mais pessoas doentes na sua casa. Este feitiço combate doenças domésticas com fortes energias. A fervura libera no ar as propriedades mágicas e medicinais das ervas. A laranja e o limão promovem sentimentos de alegria e bem-estar, que são muito necessários quando todos estão doentes; o eucalipto é medicinal – cura tanto a mente quanto o corpo; a hortelã-pimenta é purificadora, enquanto a sálvia e o alecrim têm propriedades purificantes.

QUANDO LANÇAR O FEITIÇO
Quando você estiver cuidando de entes queridos com problemas de saúde.

TEMPO NECESSÁRIO PARA LANÇAR O FEITIÇO
Leva apenas alguns minutos para preparar esta poção, mas você pode fervê-la pelo tempo que quiser – de alguns minutos a algumas horas. Só não deixe de ficar de olho na poção, enquanto ela está borbulhando no fogo.

ONDE LANÇAR O FEITIÇO
Prepare esta poção na cozinha.

INGREDIENTES E INSTRUMENTOS
Panela pequena
Fogão
Água (o suficiente para encher a panela até a metade)
1 laranja cortada ao meio
1 limão cortado ao meio
5 gotas de óleo de eucalipto
5 gotas de óleo de hortelã-pimenta
1 raminho de alecrim
Algumas folhas frescas de sálvia

1. Coloque a panela em fogo alto e encha-a até a metade com água. Quando a água começar a ferver, coloque a panela em fogo baixo.

2. Pegue cada ingrediente nas mãos, um de cada vez, nesta ordem: laranja, limão, óleo de eucalipto, óleo de hortelã-pimenta, alecrim e folhas de sálvia. Ao pegar cada ingrediente, sinta a energia dele e concentre-se na sua intenção de curar os moradores da casa.

3. Adicione cada ingrediente à água fervendo.

4. Deixe as frutas e as ervas fervendo no fogo enquanto faz o seu pedido – esse feitiço termina quando você quiser. Você vai precisar adicionar mais água para compensar a evaporação, se quiser ferver a poção durante várias horas, o que eu recomendo.

TÔNICO PARA UMA SAÚDE PERFEITA

Este pequeno e maravilhoso preparado de ervas pode ser ingerido uma vez por dia ou uma vez por semana, para propiciar corpo e mente saudáveis e mantê-los assim. Na magia, os aromas cítricos sempre inspiram felicidade e bons sentimentos, então comece o seu dia concedendo ao seu corpo um impulso nutricional mágico que lhe dará muito mais ânimo para viver e realizar os seus sonhos. Este feitiço chegou até nós por meio da especialista em herbologia Em Miiller e foi publicado originalmente na edição de julho de 2018 da *Witch Way Magazine*.

QUANDO LANÇAR O FEITIÇO
Prepare este tônico semanalmente, para que possa tomá-lo todas as manhãs. Ele é muito útil principalmente durante os meses de inverno, quando estamos mais suscetíveis a gripes e resfriados.

TEMPO NECESSÁRIO PARA LANÇAR O FEITIÇO
Leva cerca de 1 hora para preparar este tônico.

ONDE LANÇAR O FEITIÇO
Prepare este tônico na cozinha.

INGREDIENTES E INSTRUMENTOS
Liquidificador ou centrífuga
2 ou 3 laranjas (rende 2/3 de um copo de suco)
2 tangerinas
1 toranja
1 melão cantaloupe
Suco de uma laranja-lima
Suco de um limão
Copo de medição de 1 litro

¼ colher de chá de pimenta-caiena
1 colher de chá de açafrão-da-terra
1 garrafa de vidro de 2 litros ou jarra com tampa
Água, para diluir

1. Comece colocando no liquidificador ou centrífuga as laranjas, as tangerinas, a toranja e o melão (todos descascados).
2. Coe, se necessário, e passe o suco para um copo medidor de 1 litro.
3. Adicione a pimenta-caiena e o açafrão ao suco e misture bem.
4. Concentre-se nas mudanças que você precisa sentir na sua vida. Por que você está preparando este tônico? Qual é o seu objetivo em longo prazo? Pense nisso enquanto adiciona esses poderosos condimentos.
5. Quando o seu tônico estiver pronto, despeje-o na garrafa de vidro ou na jarra. Acrescente água (cerca de 3 xícaras) para diluir esse tônico poderoso de frutas e especiarias.
6. Tome o tônico diariamente, para que as propriedades de cura dessas frutas e condimentos possam agir no seu corpo, promovendo a sua saúde.

TALISMÃ PARA ACELERAR A CURA FÍSICA

Todos nós queremos evitar ao máximo a doença. Este é um ótimo talismã para você usar se estiver com um resfriado persistente ou tentando acelerar sua recuperação, depois de uma doença leve. Ele contém elementos à base de ervas que vão curá-la e protegê-la de outras doenças enquanto você estiver vulnerável.

QUANDO LANÇAR O FEITIÇO
Prepare este feitiço quando estiver doente.

TEMPO NECESSÁRIO PARA LANÇAR O FEITIÇO
Leva cerca de 15 minutos para providenciar os ingredientes necessários para preparar este talismã.

ONDE LANÇAR O FEITIÇO
Prepare este talismã num espaço de trabalho confortável e poderoso, como a cozinha ou seu altar.

INGREDIENTES E INSTRUMENTOS
1 pedaço de gengibre
1 dente de alho
Casca de 1 laranja
3 gotas de óleo de eucalipto
3 gotas de óleo de hortelã-pimenta
1 pitada de ginkgo biloba em pó
1 cristal de quartzo rosa pequeno
1 saquinho (escolha uma cor que lhe pareça terapêutica; branco, preto ou verde são ótimas opções para este tipo de feitiço)

1. Segure cada ingrediente nas mãos, um de cada vez, e sinta sua energia. Não se apresse enquanto realiza essa etapa do feitiço. Fique à vontade para adicionar símbolos, ervas ou cristais que não estejam na lista, mas com os quais sinta afinidade e sintonia.
2. Depois, insira-os no saquinho, um a um.
3. Leve o talismã com você – no bolso, no sutiã, no sapato, ou em qualquer lugar em que se sinta confortável. Use-o por alguns dias, enquanto for necessário, até perceber que não precisa mais dele. Quando terminar de usar o talismã, descarte os ingredientes ou enterre-os.

POÇÃO PARA O BEM-ESTAR E A ABUNDÂNCIA

Quanto mais agitada é a nossa vida e mais estressadas estamos, mais rápido nossas melhores intenções acabam virando fumaça. Podemos planejar rituais maravilhosos para nos dar combustível para seguir em frente, mas sempre acabamos deixando-os para "amanhã". Antes de nos darmos conta disso, simplesmente paramos de fazer magia. Com este feitiço, quero lhe proporcionar uma forma prática e fácil de atrair coisas boas para a sua vida constantemente – de uma maneira que não exija que você deixe seus afazeres de lado. A canela adiciona uma dose saudável de ânimo e movimento à sua vida, enquanto a laranja é sempre uma ótima opção para atrair bênçãos. A salsinha proporciona uma sensação de bem-estar.

QUANDO LANÇAR O FEITIÇO
Incorpore este feitiço à sua rotina de limpeza normal, sem fazer muito esforço. Se você normalmente limpa a casa aos domingos, por exemplo, realize este feitiço nesse dia.

TEMPO NECESSÁRIO PARA LANÇAR O FEITIÇO
Esta poção foi projetada para poupar seu tempo e é melhor que você a prepare enquanto realiza as tarefas domésticas; portanto, a quantidade de tempo que você vai dedicar a ela é você quem decide.

ONDE LANÇAR O FEITIÇO
Prepare esta poção na cozinha.

INGREDIENTES E INSTRUMENTOS
1 panela pequena
Água (o suficiente para encher a panela até a metade)
Fogão

Metade de uma laranja ou casca de uma laranja
2 paus de canela
1 raminho de salsinha

1. Antes de iniciar sua rotina de limpeza, encha a panela pequena até a metade com água e coloque-a em fogo alto.
2. Quando a água estiver fervendo, abaixe o fogo e adicione a laranja, os paus de canela e a salsinha.
3. Deixe as frutas e as ervas fervendo na panela enquanto você limpa a casa – ou durante o dia todo (embora, nesse caso, você precise adicionar água para compensar a evaporação). À medida que você remove a sujeira da casa e se livra das coisas que não quer mais, as propriedades dos ingredientes da poção fervilhante preenchem com bem-estar e abundância os espaços que você está limpando e esvaziando. Este feitiço é a maneira perfeita de gerar energia nova, sem a pressão e o tempo que os rituais semanais exigem de você.

RITUAL PARA SE LIBERTAR DO SOFRIMENTO

Este feitiço vai ajudá-la a se libertar dos traumas e mágoas que anda carregando por aí. Ele faz isso deixando que você, simbolicamente, faça esse sofrimento descer pelo ralo. Este feitiço foi inspirado no livro de Fiona Horne, *Seven Days to a Magickal New You*, pois o objetivo dessa obra é ajudar o leitor a se refazer, purificando-o e libertando-o da dor.

QUANDO LANÇAR O FEITIÇO
Este é um dos poucos feitiços que eu recomendaria que você lançasse na fase da Lua ideal, ou seja, na lua fora de curso.

TEMPO NECESSÁRIO PARA LANÇAR O FEITIÇO
Leva cerca de 1 hora para concluir este ritual, mas é você quem decide quanto tempo quer meditar sobre os traumas e as mágoas do passado.

ONDE LANÇAR O FEITIÇO
Faça este ritual no banheiro.

INGREDIENTES E INSTRUMENTOS
1 tigela pequena
1 colher de sopa de carvão ativado
1 colher de sopa de água
Chuveiro
Óleo de lavanda
Óleo de rosas

1. Comece seu ritual preparando seu banheiro para ser um espaço sagrado. Reserve um tempo para ficar nesse espaço. Medite sobre suas mágoas e seus traumas. O que a incomoda? Que acontecimentos dolorosos vêm à sua cabeça? Comece com a sua infância e continue a meditação até chegar aos dias atuais. Este pode ser um processo intenso, portanto, assegure-se de que você está pronta para enfrentar seus fantasmas.

2. Numa tigela pequena, misture o carvão e a água até obter uma pasta preta e espessa.

3. Tire a roupa e entre no chuveiro, levando a mistura com você.

4. Agora volte à meditação e, a cada trauma ou mágoa de que se lembrar e aos quais ainda se sentir presa, faça uma marca no seu corpo com o carvão. Cada marca deve representar uma lembrança dolorosa que você está disposta a deixar para trás. Isso pode demorar um pouco, mas não se apresse.

5. Quando terminar de confrontar cada lembrança, abra o chuveiro e deixe a água chegar a uma temperatura confortável. Fique embaixo da água e observe o carvão saindo do seu corpo. À medida que a água suja escorre pelo seu corpo, sinta que os traumas e as mágoas estão sendo levados pela água, assim como todo o peso emocional que representam. Esta é sua chance de começar de novo.

6. Saia do chuveiro e massageie a pele com os óleos de lavanda e de rosas, que representam uma nova etapa da sua vida.

ÓLEO BRILHO DA LUA

Este feitiço foi criado para proporcionar um brilho saudável à sua pele, que a deixará com uma aparência mais bela e radiante após o banho. Esta é uma forma relaxante de magia glamorosa, que usa a energia da Lua. E o óleo de amêndoa ajudará você a manter essa energia ao longo de todo o dia. Este feitiço chegou até nós por meio de Em Miiller e foi publicado originalmente na edição de julho de 2018 da *Witch Way Magazine*.

QUANDO LANÇAR O FEITIÇO
Prepare este óleo mensalmente, para usar no dia a dia. Se você puder prepará-lo sob a lua cheia, seria o ideal.

TEMPO NECESSÁRIO PARA LANÇAR O FEITIÇO
Leva cerca de 10 minutos para preparar este óleo.

ONDE LANÇAR O FEITIÇO
Prepare este óleo no espaço em que costuma realizar seus rituais.

INGREDIENTES E INSTRUMENTOS
5 colheres de sopa de óleo de amêndoa doce (orgânico, se possível)
3 colheres de sopa de óleo de coco virgem (orgânico, se possível)
1 frasco de vidro de 30 ml com bico de pulverização
1 colher de chá de mica prateada ou dourada (opcional)
20 gotas do seu óleo essencial favorito (o de rosas é ótimo para isso, mas fique à vontade para escolher o óleo de sua preferência, apenas assegure-se de que ele não causa irritação na sua pele)

1. Prepare seu espaço sagrado como preferir. Você quer captar a energia da Lua, portanto, realizar este feitiço sob a luz da lua cheia seria o ideal.

2. Adicione cuidadosamente o óleo de amêndoa e o óleo de coco ao frasco; em seguida, agite-o delicadamente.

3. Adicione a mica (se optar por utilizá-la) e o óleo essencial da sua preferência. Mexa para combinar os ingredientes, mas sem agitar o frasco.

4. Deixe a mistura de óleos ao ar livre, para atrair a energia da Lua. Sente-se à luz da lua com sua nova mistura e, com os olhos da mente, imagine o brilho do luar descendo e infundindo magia ao óleo. Concentre-se em carregar o poder da Lua com você.

5. Tome um banho e aplique esse óleo no corpo todo para ter uma pele saudável e bonita. Quando usar esse óleo, sinta-se envolvida pelo poder da Lua ao longo de todo o dia e quando se aconchegar para dormir.

CAPÍTULO 7

CARREIRA PROFISSIONAL

Os feitiços que ajudam a impulsionar sua carreira profissional ou aspirações financeiras são os mais práticos do mundo da bruxaria. Toda bruxa um dia se vê obrigada a fazer magia para conseguir gerenciar melhor essa parte estressante da sua vida. Neste capítulo, apresento feitiços para você conseguir uma promoção, encontrar um emprego e obter uma nova fonte de renda, entre outras coisas.

Talismã para arranjar um emprego	136
Óleo para ter sucesso nos negócios	138
Pote de mel para palavras doces	140
Óleo para ganhar dinheiro rápido	142
Ritual para atingir metas de longo prazo	144
Óleo dos três poderes para dias de entrevista	146

DEFINA SUA INTENÇÃO

Seria muito bom se bastasse cantarolar um encantamento e agitar a varinha para ganharmos na loteria, mas os feitiços para o sucesso profissional e financeiro requerem um pouco mais de esforço. Isso ocorre porque o sucesso nessas áreas é o que todos anseiam – tanto os bruxos quanto os não bruxos. Como todo mundo está sempre enviando essa intenção para o universo, a bruxa que lança o feitiço precisa estar realmente disposta a irradiar uma intenção muito forte, para assim se sobrepor à energia dos outros.

Além disso, nem tudo depende da magia – você precisa fazer sua parte e tomar decisões inteligentes. Por exemplo, criar um óleo para ajudar numa entrevista de emprego é um bom empurrão, mas você também precisa vestir uma roupa adequada e ter um bom currículo e as qualificações necessárias para o cargo. O feitiço só pode ajudar aqueles que estão aptos a obter o que procuram. Quanto menos obstáculos a magia precisar superar, mais fácil você vai alcançar o resultado desejado.

UMA DICA SOBRE OS ÓLEOS

Os óleos são a minha técnica de magia favorita. Eles são sempre preparados com uma base de óleo carreador para diluição. Você pode usar óleos essenciais, ervas e até mesmo sementes para criar uma pequena "usina" de magia. Como esses feitiços podem conter muitas ervas e óleos essenciais, eles podem ser personalizados para qualquer situação. Eu adoro usar meus óleos para untar velas, pingá-los dentro dos sapatos para promover o movimento e usá-los como perfume.

TALISMÃ PARA ARRANJAR UM EMPREGO

Qualquer mãozinha para encontrar um emprego pode ser extremamente valiosa para bruxas e não bruxas. Carregue este talismã com você até conseguir o emprego que procura. O açafrão-da-terra é um ótimo ingrediente para atrair sucesso profissional e financeiro, e o cumaru pode ajudar a satisfazer desejos desesperados de sucesso. O manjericão e o óleo de laranja são ingredientes clássicos para atrair sucesso financeiro.

QUANDO LANÇAR O FEITIÇO
Crie este talismã quando precisar encontrar um emprego.

TEMPO NECESSÁRIO PARA LANÇAR O FEITIÇO
Leva cerca de 15 minutos para providenciar os ingredientes necessários para preparar este talismã.

ONDE LANÇAR O FEITIÇO
Prepare este talismã num espaço de trabalho confortável e poderoso, como a cozinha ou o seu altar.

INGREDIENTES E INSTRUMENTOS
1 dente de alho (ou apenas a casca, se você estiver preocupada com o cheiro do alho)
1 colher de chá de açafrão-da-terra
3 sementes de lágrima-de-nossa-senhora
1 cumaru
1 colher de sopa de manjericão desidratado
3 gotas de óleo de laranja
1 saquinho (escolha uma cor que lhe pareça poderosa; verde ou dourado são ótimas opções para este tipo de feitiço)

1. Segure cada ingrediente nas mãos, um de cada vez, e sinta sua energia. se apresse enquanto realiza essa etapa do feitiço. Fique à vontade para adicionar símbolos, ervas ou cristais que não estejam na lista, mas com os quais sinta afinidade e sintonia.
2. Depois insira-os, um por um, no saquinho.
3. Quando tudo estiver no saquinho, imagine seu emprego ideal. Imagine como você se sentirá quando receber a oferta de emprego, o peso nos ombros desaparecendo ao perceber que garantiu uma renda estável. Visualize como será a sua entrevista de trabalho.
4. Leve o talismã com você – no bolso, no sutiã, no sapato ou em qualquer lugar em que se sinta confortável – pelo tempo que for necessário, até perceber que não precisa mais do talismã. Quando não precisar mais dele, descarte os ingredientes ou enterre-os.

ÓLEO PARA TER SUCESSO NOS NEGÓCIOS

Iniciar e manter um negócio não é nada fácil. A fim de atrair sucesso, você pode usar este óleo para ungir a entrada da sua empresa, a caixa registradora, as prateleiras ou qualquer outro objeto que use para administrar seus negócios. Os ingredientes relacionados a seguir são os ideais para ajudar você a ter sucesso nos negócios e estabilidade financeira. Além disso, se passar três semanas abastecendo o frasco de óleo com ingredientes frescos, isso o infundirá com o cuidado e a intenção necessários para torná-lo ainda mais poderoso e concentrado.

QUANDO LANÇAR O FEITIÇO
Quartas-feiras são ótimos dias para fazer magia relacionada a dinheiro.

TEMPO NECESSÁRIO PARA LANÇAR O FEITIÇO
Leva cerca de 15 minutos para você providenciar os ingredientes necessários para preparar este óleo.

ONDE LANÇAR O FEITIÇO
Prepare este óleo num espaço de trabalho poderoso, como a cozinha ou seu altar.

INGREDIENTES E INSTRUMENTOS
1 moeda de 1 real
1 frasco de vidro com tampa
¼ xícara de folhas de hortelã-pimenta desidratadas (se desejar, acrescente mais)
1 colher de chá de óleo de bergamota
2 paus de canela, em pedaços (se desejar, acrescente mais)
1 colher de chá de óleo de *patchouli*
Óleo carreador (suficiente para encher o frasco)
1 casca de limão (se desejar, acrescente mais)

1. Reúna todos os ingredientes e quaisquer outros que você gostaria de adicionar. Os ingredientes relacionados produzem um óleo de sucesso para você ter um negócio próspero, mas também podem servir como base, portanto, fique à vontade para ser criativa.
2. Coloque a moeda na parte inferior do frasco.
3. Adicione as folhas de hortelã-pimenta, o óleo de bergamota, a canela em pau e o óleo de *patchouli*.
4. Encha o frasco completamente com o óleo carreador, em seguida, acrescente a casca de limão.
5. Deixe o óleo repousar num local escuro e fresco por cerca de três semanas. Se desejar, adicione uma vez por semana mais folhas de hortelã-pimenta, paus de canela e folhas de limão para manter as intenções e os objetivos concentrados.
6. Após três semanas, você pode usar o óleo.

POTE DE MEL PARA PALAVRAS DOCES

Você precisa que um colega de trabalho diga coisas boas sobre você ou lhe faça um favor? Talvez seja um colega que sempre parece estar de mau humor e você está preocupada com o modo como ele fala de você para as outras pessoas. Ou talvez você esteja de olho numa promoção e precise que o seu supervisor fale bem de você para o chefe do departamento. Este pote de mel ajudará nesses tipos de situação.

QUANDO LANÇAR O FEITIÇO
Crie este pote quando surgir a necessidade. Uma terça-feira seria uma boa ocasião para realizar este feitiço.

TEMPO NECESSÁRIO PARA LANÇAR O FEITIÇO
Leva cerca de 5 minutos para providenciar os ingredientes necessários para preparar este pote.

ONDE LANÇAR O FEITIÇO
Prepare este pote na cozinha, para facilitar a limpeza.

INGREDIENTES E INSTRUMENTOS
1 pote de vidro pequeno com tampa
Mel (o suficiente para encher o frasco até a metade)
4 xícaras de açúcar (o suficiente para encher o frasco até a metade)
1 foto da pessoa que precisa falar bem de você
1 colher de sopa de raiz de lírio em pó (opcional)
1 colher de sopa de pimenta-caiena (opcional, mas recomendada se a pessoa em questão está espalhando fofocas ofensivas)

1. Encha o pote até a metade com mel e açúcar.
2. Adicione a foto da pessoa.
3. Acrescente a raiz de íris em pó e a pimenta-caiena (se optar por utilizá-la)
4. Em seguida, termine de adicionar o açúcar e o mel.
5. Mantenha o pote num lugar de destaque em sua casa, enquanto espera o comportamento da pessoa mudar.
6. Depois que perceber que o feitiço entrou em vigor, você pode guardar o pote num armário ou enterrá-lo. Não o desmonte.

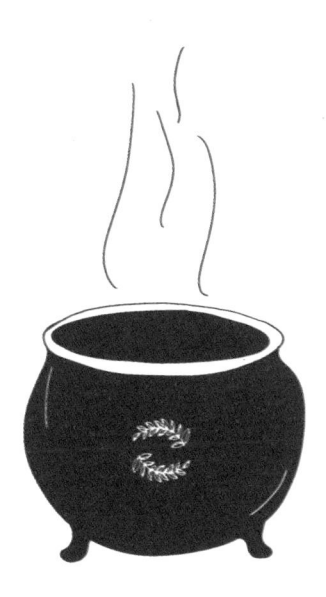

ÓLEO PARA ATRAIR DINHEIRO RÁPIDO

Há muito tempo este é o meu óleo favorito para usar quando preciso ganhar dinheiro sem demora. Ele não serve para trazer uma fonte de renda estável; é só uma maneira de conseguir trabalhos temporários que tragam uma quantia extra. É perfeito para usar quando você recebe uma conta inesperada ou tem uma emergência financeira. Use três gotas deste óleo nas solas dos sapatos.

QUANDO LANÇAR O FEITIÇO
Quartas-feiras são ótimos dias para fazer magia relacionada a dinheiro, mas você também pode lançar este feitiço sempre que descobrir que precisa ganhar uma quantia extra a toque de caixa.

TEMPO NECESSÁRIO PARA LANÇAR O FEITIÇO
Leva cerca de 15 minutos para providenciar os ingredientes necessários para preparar este óleo.

ONDE LANÇAR O FEITIÇO
Prepare este óleo num espaço de trabalho poderoso, como a cozinha ou seu altar.

INGREDIENTES E INSTRUMENTOS
1 colher de sopa de pimenta-caiena
1 colher de sopa de manjericão
1 colher de sopa de canela
1 frasco com tampa
1 colher de chá de óleo de *patchouli*
Óleo carreador (suficiente para encher o frasco)
1 pedaço de gengibre
1 pedaço de Lucky Hand Root (ou raiz de açafrão-da-terra)
1 pedaço de raiz de High John the Conqueror (ou 1 colher de chá do óleo dessa raiz)

1. Providencie todos os ingredientes e quaisquer outros que você quiser adicionar. Os ingredientes relacionados produzem um óleo rápido e perfeito para atrair dinheiro, mas também podem servir como base para você usar a sua criatividade.
2. Coloque a pimenta-caiena, o manjericão e a canela no pote e misture bem.
3. Adicione o óleo de *patchouli*.
4. Encha o frasco com o óleo carreador.
5. Deixe o óleo descansar num local escuro e fresco por cerca de três semanas. (Nota: você pode usar o óleo imediatamente se estiver com pressa, mas é melhor deixar a mistura descansar por um tempo, de modo que possa ficar mais forte para você no futuro.)
6. Após uma semana, adicione o gengibre, a Lucky Hand Root (ou açafrão-da-terra) e o High John the Conqueror. Isso manterá suas intenções e seus objetivos concentrados e aumentará a intensidade do feitiço.
7. Depois de duas semanas, adicione três gotas de óleo nas solas dos sapatos. Procure usar esses mesmos sapatos até o dinheiro extra entrar (mas você pode tirá-los quando for dormir!) ou, se é *freelancer* e está buscando uma fonte de renda mais constante, faça do uso deste óleo um hábito semanal.

RITUAL PARA ATINGIR METAS DE LONGO PRAZO

Metas de longo prazo podem parecer inatingíveis às vezes. Pode ser difícil manter a motivação enquanto nos esforçamos para alcançar algo que está num futuro muito distante. Este feitiço de três dias com velas é uma ótima maneira de ajudá-la a cumprir suas metas, porque ajuda você a atingi-las de forma paulatina e a mantém motivada até que todas as partes se tornem realidade. Imaginando exatamente como você vê um objetivo se cumprindo, você deixa claro para o universo aonde você quer chegar. Deixe as velas acesas por um longo período, para que a energia do seu feitiço se propague pelo ambiente.

QUANDO LANÇAR O FEITIÇO
A época ideal para lançar este feitiço é o período de lua cheia.

TEMPO NECESSÁRIO PARA LANÇAR O FEITIÇO
Leva cerca de 3 horas, no total, para lançar este feitiço – uma hora por dia, durante três dias.

ONDE LANÇAR O FEITIÇO
Faça este ritual num ambiente poderoso, propício à meditação.

INGREDIENTES E INSTRUMENTOS
1 colher de sopa de manjericão desidratado
½ colher de sopa de canela em pó
Almofariz e pilão, ou outro utensílio de trituração
Prato pequeno
Algumas gotas de óleo de cumaru
Algumas gotas de óleo de folha de louro
Algumas gotas de óleo de bergamota
1 vela de castiçal grande

1. Providencie todos os ingredientes e leve-os ao seu espaço mais poderoso. Configure esse local de modo a sentir seu poder pessoal mais intenso.

2. Quando estiver pronta, triture o manjericão e a canela juntos – de preferência com o almofariz e o pilão, até conseguir uma mistura homogênea.

3. Num prato pequeno, adicione as gotas de cada óleo e misture. Unte a vela com a mistura de óleos, até saturar sua superfície completamente. Em seguida, role a vela no pó de ervas que você criou.

4. Quando se sentir pronta, você poderá acender a vela. Feche os olhos e se concentre em seu objetivo. Qual é a sua meta em longo prazo? Como você planeja chegar lá? Quais são as etapas pelas quais você precisa passar? Que obstáculos estão no seu caminho? Medite sobre isso por um tempo.

5. Quando sentir que meditou o suficiente, poderá parar e terminar seu ritual. Deixe a vela queimar até quando desejar ou apague-a se precisar sair.

6. Repita este ritual por três noites seguidas, até a vela acabar. Você pode descartar ou enterrar o que restar da vela.

ÓLEO DOS TRÊS PODERES PARA DIAS DE ENTREVISTA

Este óleo robusto fará você se sentir fortalecida e corajosa. Tudo é uma questão de combinar propriedades poderosas para que você possa superar qualquer obstáculo que a impeça de atingir seus objetivos. Eu gosto de usá-lo antes das entrevistas. Todos os ingredientes evocam confiança, coragem e poder mágico. Este feitiço chegou até nós por meio de Kiki Dombrowski e foi originalmente publicado na edição de março de 2018 da *Witch Way Magazine*.

QUANDO LANÇAR O FEITIÇO
Crie este óleo quando estiver se sentindo mais poderosa.

TEMPO NECESSÁRIO PARA LANÇAR O FEITIÇO
Leva cerca de 15 minutos para providenciar os ingredientes necessários para preparar este óleo.

ONDE LANÇAR O FEITIÇO
Prepare este óleo num espaço de trabalho poderoso, como a cozinha ou seu altar.

INGREDIENTES E INSTRUMENTOS
Uma roupa que faz você se sentir mais poderosa
1 frasco de vidro pequeno
Óleo carreador (suficiente para encher o frasco até a metade)
3 gotas de óleo de cedro
3 gotas de óleo de pau-rosa
3 gotas de óleo de sândalo
3 gotas de óleo de sangue de dragão
3 gotas de óleo de zimbro
3 gotas de óleo de musgo de carvalho
3 gotas de óleo de baunilha

1. Vista a roupa que faz você se sentir mais poderosa. Configure seu espaço da maneira que sinta seu poder pessoal de forma mais intensa. Reúna todos os ingredientes e quaisquer outros que você gostaria de adicionar.
2. Encha o frasco até a metade com o óleo carreador.
3. Em seguida, adicione todos os outros óleos na ordem descrita acima.
4. Concentre-se em sentir-se poderosa, corajosa, mágica e confiante.
5. Aplique o óleo nos punhos, como se fosse um perfume, antes da entrevista de trabalho. Continue usando-o em qualquer situação em que sinta que precisa de um impulso de magia ou de confiança.

CAPÍTULO 8

QUESTÕES FAMILIARES E DE AMIZADE

Eu sempre digo que não faz sentido praticar magia se você não pode ajudar as pessoas que ama. Os feitiços apresentados neste capítulo servem para proteger e melhorar relacionamentos com amigos e familiares. Nós somos um reflexo das pessoas ao nosso redor e, se amamos pessoas que estão passando por dificuldades, que estão sofrendo ou até mesmo que têm um comportamento tóxico, isso também afeta a nossa própria energia. Apoie a si mesma, depois eleve o ânimo dos seus amigos e familiares e você se sentirá uma pessoa abençoada.

Feitiço com velas para ajudar um amigo em dificuldade	150
Pizza para harmonizar amizades abaladas	152
Feitiço com velas para restabelecer uma amizade	154
Bola de bruxa para abundância na família	156
Talismã do diamante Herkimer	158
Feitiço congelante para afastar uma pessoa tóxica da sua vida	160

DEFINA A SUA INTENÇÃO

Feitiços para mudar o curso de relacionamentos costumam trazer à tona a questão do livre-arbítrio. Algumas bruxas acreditam que ninguém tem o direito de lançar um feitiço em outra pessoa sem a permissão dela. Isso significa que as bruxas que respeitam a lei do livre-arbítrio não lançam esse tipo de feitiço? Como já disse anteriormente, eu de fato acredito que a capacidade de fazer magia é um poder e uma dádiva e, se você não pode usá-lo para cuidar das pessoas da sua vida, então que sentido faz ter esse poder? E se no seu coração você sabe que está fazendo um feitiço benéfico e útil, não se preocupe com o fato de estar violando a lei do livre-arbítrio. Seus amigos e familiares são uma importante rede de apoio na sua vida, por isso você só precisa estar segura das suas boas intenções antes de realizar feitiços que os envolvam.

> **DICA SOBRE MAGIA CULINÁRIA**
>
> A magia culinária é uma forma maravilhosa, prática e subestimada de magia. Ela funciona do mesmo modo que qualquer outro feitiço. Pense numa refeição maravilhosa que você fez e em todas as emoções que ela continha. A magia culinária funciona da mesma maneira. Você junta seus ingredientes e trabalha com eles para infundi-los com magia, energia e poder. A única diferença entre feitiços regulares e a magia culinária é que, com a magia culinária, você consome o feitiço em vez de jogá-lo fora ou carregá-lo com você. Quando você infunde magia às suas receitas, aqueles que saboreiam a sua comida sentem o que você sentiu ao prepará-la. Raiva, amor, serenidade, euforia – você pode controlar as emoções dos outros com a magia culinária. É provavelmente uma das únicas técnicas de magia em que você pode controlar direta e facilmente os sentimentos daqueles nos quais lança um feitiço, por isso use-a com sabedoria. Note que nem todo feitiço deste capítulo traz magia culinária, mas alguns definitivamente a contêm!

FEITIÇO COM VELAS PARA AJUDAR UM AMIGO EM DIFICULDADE

Este é o feitiço ideal quando você sabe que um amigo precisa de apoio emocional. A vela azul simboliza a paz e a vela marrom representa aterramento e estabilidade, por isso a combinação dessas duas cores é infalível para superar emoções turbulentas. Esta combinação de óleos e ervas ajudará a trazer um pouco de paz a esse amigo.

QUANDO LANÇAR O FEITIÇO
O período de lua minguante é propício para este feitiço. Você também pode lançá-lo num domingo, dia em que o Sol traz felicidade e esperança.

TEMPO NECESSÁRIO PARA LANÇAR O FEITIÇO
Leva cerca de 30 minutos para lançar este feitiço.

ONDE LANÇAR O FEITIÇO
Lance este feitiço onde você se sentir mais poderosa.

INGREDIENTES E INSTRUMENTOS
Almofariz e pilão
1 colher de chá de sal
1 colher de sopa de sálvia desidratada
Algumas gotas de óleo de néroli
Algumas gotas de óleo essencial de anis
1 tigela pequena
1 vela de castiçal azul
1 vela de castiçal marrom
2 castiçais (opcional)
1 folha de louro
1 marcador
1 tigela ou superfície à prova de calor

1. Usando o almofariz e o pilão, misture o sal e a sálvia e depois triture os dois para formar um pó.
2. Espalhe o pó numa superfície rígida, que seja fácil limpar.
3. Combine os óleos numa tigela pequena e unte as velas com eles, saturando sua superfície completamente.
4. Role as velas no pó de ervas que você espalhou sobre a superfície.
5. Quando se sentir pronta, acenda as duas velas e coloque em pé na tigela à prova de calor, nos castiçais ou numa superfície à prova de calor.
6. Enquanto as velas queimam, feche os olhos e visualize o resultado ideal do feitiço com os olhos da mente. Que turbulência o seu amigo está enfrentando? Como ele pode superar esses obstáculos? Que felicidade você vê para o seu amigo? Qual é a maneira mais fácil para seu amigo alcançar esse objetivo? Analise o novo cenário de diferentes ângulos para que sua intenção fique clara. Faça essa meditação enquanto a vela queima.
7. Quando se sentir pronta, escreva, com o marcador, a palavra "superado" na folha de louro e queime-a com uma das velas.
8. Coloque a folha de louro na superfície à prova de calor e deixe-a queimar completamente, enviando sua intenção para o universo.

PIZZA PARA HARMONIZAR AMIZADES ABALADAS

Este feitiço combina alimentos infundidos de intenção com a cura do ambiente, para harmonizar e fortalecer relacionamentos abalados. Quando você prepara um feitiço como este, cada ingrediente absorve suas emoções e energia, infundindo-os com a sua intenção. Quando alguém saboreia essa comida, a energia e a emoção são transferidas para essa pessoa. Esta receita foi originalmente publicada na edição de setembro de 2018 da *Witch Way Magazine*.

QUANDO LANÇAR O FEITIÇO
Quando você estiver fazendo uma refeição na companhia de alguém com quem deseja estreitar um relacionamento ou aparar algumas arestas. Realizar este feitiço para um amigo com quem você deseja uma conexão mais forte é uma ótima ideia.

TEMPO NECESSÁRIO PARA LANÇAR O FEITIÇO
Reserve para este ritual um mínimo de 1 hora, para não ter que se apressar.

ONDE LANÇAR O FEITIÇO
Faça este ritual num espaço confortável.

INGREDIENTES E INSTRUMENTOS
Forno
1 assadeira
1 xícara de farinha de trigo integral
1 tábua para picar alimentos
1 massa de pizza pronta ou caseira
1 xícara de molho de tomate
1 xícara de queijo mozarela ralado
100 g de calabresa moída
½ xícara de *champignons* fatiados

½ xícara de bolinhas de queijo mozarela
½ xícara de manjericão fresco picado
2 colheres de sopa de pesto (opcional)

1. Ao manusear e preparar os ingredientes, infunda sentimentos positivos em cada um deles. Se estiver com dificuldade para fazer isso, pense num momento em que se sentiu alegre e feliz.
2. Preaqueça o forno a 250 graus.
3. Coloque a assadeira de cabeça para baixo no forno.
4. Passe farinha na superfície da tábua e modele a massa.
5. Espalhe na massa o molho de tomate e salpique a mozarela desfiada, a linguiça moída, os *champignons* e as bolinhas de mozarela.
6. Usando a tábua, coloque a massa de pizza sobre a assadeira quente no forno.
7. Asse por 10 a 15 minutos, ou até o queijo derreter e as bordas ficarem douradas.
8. Retire a pizza do forno e adicione as folhas de manjericão e o pesto (se optar por utilizá-lo).
9. Saboreie a pizza com seu amigo, num ambiente calmo e relaxante.

A MÁGICA DOS INGREDIENTES
Cada um desses ingredientes possui aspectos energéticos específicos:
TOMATE – afasta influências negativas.
QUEIJO – eleva as vibrações.
CARNE – aumenta a potência dos outros ingredientes. (Se você quiser preparar uma refeição vegetariana, eliminar a carne não prejudicará a receita.)
CHAMPIGNON – abre novos caminhos.
LOURO – transforma sentimentos negativos em sentimentos positivos.

FEITIÇO COM VELAS PARA RESTABELECER UMA AMIZADE

Estas velas são ótimos presentes para seus amigos. As ervas e os óleos infundidos nelas vão manter seus laços fortes e ajudá-la a aparar arestas do relacionamento. Quando seu amigo acender a vela, as propriedades mágicas das ervas e dos óleos, além do sentimento que você deixou impregnado nelas ao prepará-las, vão ser liberadas e criar um ambiente amoroso.

QUANDO LANÇAR O FEITIÇO
Sexta ou domingo são os dias ideais e, se você gosta de trabalhar com a Lua, lançar este feitiço no período de lua cheia seria muito bom.

TEMPO NECESSÁRIO PARA LANÇAR O FEITIÇO
Leva cerca de 1 hora para preparar estas velas. Ao usá-las, elas devem queimar por cerca de 30 minutos.

ONDE LANÇAR O FEITIÇO
Prepare estas velas na cozinha e acenda-as quando sentir que a conexão com seu amigo está enfraquecendo.

INGREDIENTES E INSTRUMENTOS
12 velas de *réchaud*
1 panela média
Água (suficiente para fazer as velas flutuarem na panela)
Fogão
12 sementes de maçã, fracionadas
36 gotas de óleo de gardênia, fracionadas
36 gotas de óleo de rosa, fracionadas
Rosa mosqueta, o suficiente para salpicar em cada vela
Palito de dente

1. Coloque todas as velas de *réchaud* na panela e despeje uma pequena quantidade de água para que elas flutuem acima do fundo da panela. Não deixe a água entrar em contato com a cera.
2. Aqueça a panela em fogo baixo e derreta as velas flutuantes em seus recipientes metálicos, enquanto você prepara os outros ingredientes.
3. Adicione cuidadosamente 1 semente de maçã, 3 gotas de óleo de gardênia, 3 gotas de óleo de rosas e uma pitada de rosa mosqueta em cada vela. Use um palito para sustentar o pavio das velas enquanto você coloca as ervas na cera derretida. (Se a cera transbordar, não há problema.)
4. Desligue o fogão e deixe as velas esfriarem por pelo menos 1 ou 2 horas antes de tirá-las da água e guardá-las. Acenda-as sempre que sentir que uma amizade sua precisa de um empurrãozinho.

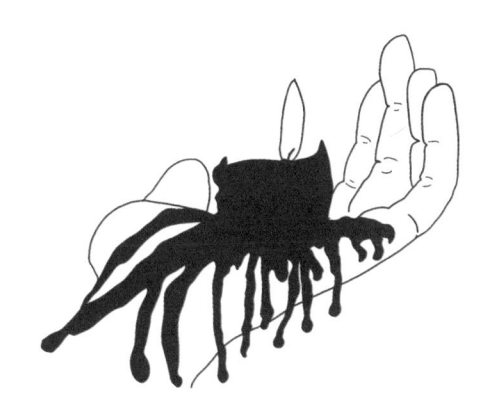

BOLA DE BRUXA PARA ABUNDÂNCIA NA FAMÍLIA

As bolas de bruxa são ótimos enfeites para pendurar pela casa toda. Essas bolas são pequenas esferas recheadas de ervas e outros itens, que irradiam energia positiva no ambiente. O musgo de carvalho, neste feitiço, não apenas serve para dar sorte, como também ajuda na proteção. O alho auxilia na união da família, enquanto a agripalma promove a segurança familiar. A rosa, por fim, ajuda a inspirar sentimentos amorosos e a folha de oliveira traz paz.

QUANDO LANÇAR O FEITIÇO
Prepare estas bolas de bruxa na quinta-feira. Se você conseguir que toda a família participe, seria bem divertido.

TEMPO NECESSÁRIO PARA LANÇAR O FEITIÇO
Leva cerca de 30 minutos para montar as bolas, dependendo dos ingredientes extras que você adicionar.

ONDE LANÇAR O FEITIÇO
Prepare estas bolas num ambiente de trabalho confortável e poderoso, como a cozinha ou seu altar.

INGREDIENTES E INSTRUMENTOS
1 punhado de musgo de carvalho
Casca de 1 cabeça de alho
1 colher de sopa de agripalma
Pétalas de rosa
1 folha de oliveira
Ornamento de plástico ou vidro transparente

1. Segure cada ingrediente nas mãos. Sinta a energia de cada um deles antes de inseri-los no ornamento. Leve o tempo que desejar manuseando cada ingrediente. Sinta-se livre para adicionar símbolos, ervas ou cristais que não constam da lista, mas que estão associados à sua família.

2. Pendure a bola de bruxa do lado de fora da casa, para trazer energia positiva à sua família.

3. Refaça as bolas a cada dois ou três meses, de preferência na companhia da sua família.

TALISMÃ DO DIAMANTE HERKIMER

Dizem que os diamantes Herkimer têm uma "memória cristalina". As energias se imprimem na pedra e podem ser acessadas posteriormente, por meio de meditações e sonhos. Por esse motivo, os diamantes Herkimer são cristais poderosos que ajudam a conectar as energias de amigos. O feitiço a seguir pode ser executado com um amigo ou grupo de amigos, o que ajudará a fortalecer a amizade entre vocês, deixando-a impressa no talismã. Este feitiço chegou até nós por meio de Michael Herkes.

QUANDO LANÇAR O FEITIÇO
Realize este feitiço na sexta-feira, entre a lua nova e a lua cheia.

TEMPO NECESSÁRIO PARA LANÇAR O FEITIÇO
Leva cerca de 30 minutos para concluir este feitiço, mas é preciso um tempo extra para a vela queimar completamente, depois que o feitiço estiver completo.

ONDE LANÇAR O FEITIÇO
Prepare este talismã num espaço de trabalho confortável e poderoso.

INGREDIENTES E INSTRUMENTOS
Pequena ferramenta para esculpir
1 vela de castiçal cor-de-rosa
1 diamante Herkimer pequeno para cada membro do grupo ou apenas 1 se você estiver sozinha
1 pingente gaiola para cada diamante

1. Esculpa na vela o nome de cada pessoa que está participando do feitiço. Sele o nome lambendo o polegar e passando a saliva sobre ele.

2. Aterre-se, centralize-se e sintonize-se com a intenção do feitiço para fortalecer seu vínculo com o grupo.
3. Quando estiver pronta, acenda a vela.
4. Em seguida, cada membro do grupo deve colocar um cristal na mão esquerda. De pé ao redor da vela, juntem as mãos para que todos tenham um cristal em ambas as mãos. Agora, digam as palavras a seguir:

> *Chama sagrada que queima tão brilhante,*
> *Fortaleça nosso vínculo com este diamante,*
> *Que brilhe forte em nossa vida o amor,*
> *Estaremos sempre juntos, na alegria e na dor.*

Concentre-se no momento e na conexão que você sente com seu grupo, mesmo que esteja sozinha. Pense em como é maravilhoso estarem juntos. Concentre-se em suas lembranças e em como cada um dos seus amigos enriquece a vida uns dos outros. Essas reflexões e lembranças ficarão armazenadas nos diamantes Herkimer em suas mãos. Agora, encante as pedras repetindo as palavras a seguir:

> *Para sempre juntos, mesmo quando separados,*
> *Dentro do coração, nossa amizade está selada.*

5. Agora coloque os cristais nos pingentes gaiolas e ajudem uns aos outros a prendê-los em volta do pescoço.
6. Deixe a vela queimar até o fim, enquanto seu grupo comemora a amizade.
7. Use seu colar quando quiser se sentir próxima e conectada ao seu grupo no futuro.

FEITIÇO CONGELANTE PARA AFASTAR UMA PESSOA TÓXICA DA SUA VIDA

Este feitiço é um clássico da tradição do *hoodoo*. É perfeito para eliminar uma pessoa tóxica da sua vida. Os feitiços congelantes geram muita controvérsia, pois alguns acreditam que pôr alguém "no gelo" paralise a situação, enquanto outros acreditam que paralise a pessoa. Experimente o feitiço e determine como você gostaria de usá-lo.

QUANDO LANÇAR O FEITIÇO
Faça este feitiço quando estiver se sentindo mais poderosa. Se você gosta de lançar feitiços no dia da semana mais propício, saiba que, para este, as terças-feiras são ideais.

TEMPO NECESSÁRIO PARA LANÇAR O FEITIÇO
Leva cerca de 10 minutos para providenciar os ingredientes necessários para lançar este feitiço.

ONDE LANÇAR O FEITIÇO
Lance este feitiço no lugar mais poderoso da sua casa.

INGREDIENTES E INSTRUMENTOS
1 caneta
1 pedaço de papel
1 faca
1 limão
1 agulha e linha preta
Tecido preto (suficiente para embrulhar o limão)
Congelador

1. Anote o nome da pessoa que você deseja afastar da sua vida.
2. Dobre o pedaço de papel várias vezes até ficar bem pequeno.
3. Com a faca, faça um corte no limão e empurre o papel pela abertura. Algumas bruxas adicionam outras ervas que consideram relevantes para a situação e a pessoa.
4. Usando linha preta e agulha, costure o corte no limão.
5. Enrole o limão no tecido preto e coloque-o no congelador. Deixe-o lá até que a pessoa já esteja fora da sua vida há tanto tempo que você não se preocupa mais com a possibilidade de ela voltar ou não.

CAPÍTULO 9

TRABALHO ESPIRITUAL

Neste capítulo, vamos reverenciar os espíritos, com feitiços que ajudem a melhorar o nosso sucesso e abundância. Espero que estes feitiços lhe deem a oportunidade de começar o seu trabalho com o mundo espiritual. Na minha visão, eles estabelecem uma boa parceria com os espíritos, então experimente e verifique se gosta de lançá-los.

Montagem de um altar espiritual	164
Pomada da Kiki para o voo das bruxas	166
Chá clássico para sonhar	168
Pedido de ajuda a um espírito	170
Óleo da adivinhação	172
Feitiço para transformar um objeto num talismã para proteção espiritual	174

DEFINA A SUA INTENÇÃO

Quando você trabalha com os espíritos, é sempre importante demonstrar respeito. Feitiços ou rituais que envolvem espíritos geralmente incluem não só uma oferenda para agradecer pelo auxílio deles com a magia, mas também um pouquinho de "combustível" para ajudar a energia deles a se manifestar. A água é o recurso mais usado, pois ela os nutre. Também é muito importante cumprir todas as promessas que você fez, assim como todas as oferendas que prometeu. Por exemplo, se você diz ao espírito com que está trabalhando que você doará uma certa quantia a uma igreja no dia seguinte, você deve cumprir essa promessa. Trabalhar com espíritos é como ter um amigo ou parceiro no Outro Mundo, pronto para ajudá-la a manifestar sua magia. Cultivar relacionamentos com espíritos é uma prática gratificante e, desde que você seja um parceiro responsável, pode acabar descobrindo que sua magia se torna muito mais poderosa com a ajuda desses amigos do plano astral. Ao trabalhar com espíritos, é importante lembrar que você está pedindo ajuda a outra pessoa. Trabalhe com amor, respeito e cautela. Tenha sempre um coração sincero ao pedir ajuda ao reino espiritual.

UMA DICA SOBRE LOÇÕES

Criar loções tópicas é uma ótima maneira de incorporar ervas ao seu feitiço. Essas loções são basicamente poções aplicadas à pele, em vez de ingeridas. Elas podem ser criadas para aproveitar o poder das ervas e dos óleos que ajudam na cura, nas viagens psíquicas e na magia glamorosa. Se você se considera habilidosa na bruxaria culinária, pode achar muito divertido criar loções para usar em feitiços.

MONTAGEM DE UM ALTAR ESPIRITUAL

No começo deste livro, expliquei os elementos que você pode usar para montar um altar. Montar um altar espiritual requer muito mais elementos do que o normal e é preciso que você siga etapas muito específicas. Se você optou por trabalhar com espíritos regularmente, convém montar um altar espiritual para fortalecer sua conexão com eles. Manter um altar sempre limpo e arrumado é a melhor maneira de assegurar um forte relacionamento com seus parceiros espirituais amigos e com espíritos ancestrais. Veja neste capítulo como montar um altar que você possa utilizar enquanto lança seus feitiços ou executa qualquer outro trabalho espiritual que escolher.

QUANDO LANÇAR O FEITIÇO
Monte seu altar durante a lua fora de curso, se possível.

TEMPO NECESSÁRIO PARA LANÇAR O FEITIÇO
Leva cerca de 30 minutos para montar este altar.

ONDE LANÇAR O FEITIÇO
Escolha um local em que você possa manter seu altar permanentemente.

INGREDIENTES E INSTRUMENTOS
1 mesa pequena
Água da Flórida (opcional)
1 toalha para cobrir o altar
1 espelho
Velas
Moedas
Instrumentos de adivinhação
1 tigela pequena para água
1 prato pequeno

INGREDIENTES E INSTRUMENTOS ADICIONAIS

Você também precisará de oferendas, como libações; indulgências humanas, como cigarros e bebidas alcoólicas; objetos de conexão, ou seja, que a ajudem a estabelecer uma conexão com os espíritos, como fotografias, se você conheceu o espírito na época em que ele estava encarnado, uma imagem ou estatueta que a faz se sentir conectada a ele ou quaisquer itens com os quais você tenha trabalhado em parceria com ele anteriormente.

1. Limpe a mesa onde planeja construir seu altar. Usando Água da Flórida ou a receita apresentada na nota de rodapé da página 60, limpe o espaço e o purifique espiritualmente. Cubra a mesa com a toalha do altar antes de continuar.

2. Coloque o espelho e os objetos de conexão com os espíritos na parte de trás do altar para que, ao trabalhar, você possa se ver no espelho e enxergar os objetos próximos ao espelho.

3. Coloque as velas à esquerda do espelho e as moedas do lado direito dos objetos de conexão.

4. Ao lado das velas, coloque seus instrumentos de adivinhação. Ao lado das moedas, coloque a tigela de água. O prato deve ficar no centro do altar, com suas oferendas.

5. Essa área será seu espaço de trabalho quando você fizer um trabalho espiritual. Quanto mais você trabalhar nesse espaço e quanto mais cuidar dele, mais forte e poderosa será a sua conexão com os espíritos.

6. Certifique-se de trocar a água e as oferendas para os espíritos sempre que necessário. Não hesite em se sentar na frente do altar e tentar se comunicar com os espíritos casualmente nesse novo espaço. Você preparou um espaço poderoso para realizar rituais e feitiços.

POMADA DA KIKI PARA O VOO DAS BRUXAS

Esta pomada tópica tem as propriedades mágicas e medicinais das ervas e dos óleos. Aplicada à pele, ela ajuda o usuário na meditação, na projeção astral e no recebimento de mensagens do plano espiritual. Este feitiço chegou até nós por meio de Kiki Dombrowski e foi publicado originalmente na edição de novembro de 2016 da *Witch Way Magazine*.

QUANDO LANÇAR O FEITIÇO
A lua cheia e as segundas-feiras são um momento maravilhoso para criar esta pomada. Aplique-a algumas horas antes de dormir para receber uma mensagem espiritual durante os sonhos.

TEMPO NECESSÁRIO PARA LANÇAR O FEITIÇO
Leva cerca de 30 minutos para providenciar os ingredientes necessários para lançar este feitiço. A pomada também precisará de uma noite para solidificar.

ONDE LANÇAR O FEITIÇO
Lance este feitiço na cozinha, para facilitar a limpeza.

INGREDIENTES E INSTRUMENTOS
Panela de banho-maria
Fogão
Cerca de 5 xícaras de água
30 gramas de manteiga de karité ou manteiga de cacau
3 avelãs
3 anis-estrelados
3 paus de canela
1 colher de sopa de artemísia
1 colher de sopa de ditamno-de-creta
1 colher de sopa de potentilla
½ colher de chá de noz-moscada moída (opcional, pois pode irritar a pele)
1 recipiente grande para guardar a pomada

INGREDIENTES E INSTRUMENTOS ADICIONAIS
½ colher de chá de scutellaria (opcional, pois pode irritar a pele)
½ colher de chá de absinto
9 gotas de óleo essencial de benjoim
9 gotas de óleo essencial de jasmim
9 gotas de óleo essencial de sândalo
1 filtro descartável ou gaze
1 copo medidor de 2 litros

1. Ferva a água em fogo alto na parte de baixo da panela de banho-maria.

2. Derreta lentamente, na parte de cima da panela, a manteiga de karité ou a manteiga de cacau, até ficar completamente líquida. (Se você não tem uma panela de banho-maria, coloque uma tigela de metal ou vidro dentro de uma panela normal com água até metade.)

3. Adicione os ingredientes à base de plantas à manteiga derretida – todos exceto os óleos – e cozinhe por pelo menos 30 minutos, mexendo com frequência.

4. Após 30 minutos, desligue o fogo e misture os óleos.

5. Despeje a mistura, através do filtro ou gaze, dentro do medidor de 2 litros.

6. Transfira a pomada ainda líquida para o recipiente selecionado. Deixe a pomada esfriar e solidificar antes de usá-la.

7. Use a pomada, aplicando-a na pele algumas horas antes de dormir. Registre seus sonhos no dia seguinte. (Essa prática treinará seu cérebro para se lembrar dos sonhos com mais detalhes no dia seguinte!)

CHÁ CLÁSSICO PARA SONHAR

Popularizado pelo escritor Scott Cunningham, o chá de Artemísia e suas variações se tornaram um ótimo recurso para quem quer trabalhar com espíritos ou usar suas capacidades psíquicas durante os sonhos. Prepare este chá antes de dormir, para conseguir se comunicar com os espíritos ou ter sonhos premonitórios. A artemísia é a melhor erva para a projeção astral e o contato com o mundo espiritual, e, com a canela e a folha de louro (que também ajudam a ter sonhos premonitórios), ela aumenta ainda mais as suas chances. O hibisco também ajuda no trabalho com sonhos, assim como o anis-estrelado.

QUANDO LANÇAR O FEITIÇO
Prepare este chá 2 horas antes de ir para a cama.

TEMPO NECESSÁRIO PARA LANÇAR O FEITIÇO
Leva cerca de 20 minutos para preparar e pôr em infusão este chá.

ONDE LANÇAR O FEITIÇO
Prepare este chá na cozinha.

INGREDIENTES E INSTRUMENTOS
1 frasco de vidro pequeno
1 colher de sopa de artemísia
½ colher de sopa de canela em pó
1 colher de sopa de flor de hibisco desidratada
1 anis-estrelado
1 folha de louro
1 panela média
Cerca de 2 xícaras de água
1 colher de sopa de mel
Fogão

1. No frasco, misture a artemísia, a canela, a flor de hibisco, o anis-estrelado e a folha de louro.
2. Encha uma panela média com água e aqueça-a em fogo médio.
3. Quando a água ferver, desligue o fogo e adicione as ervas. Deixe as ervas em infusão por um período de 5 a 10 minutos.
4. Coe as ervas e coloque o chá na sua caneca predileta.
5. Adicione uma colher de sopa de mel. Beba o chá antes de dormir. Esta receita rende cerca de 2 xícaras de chá.

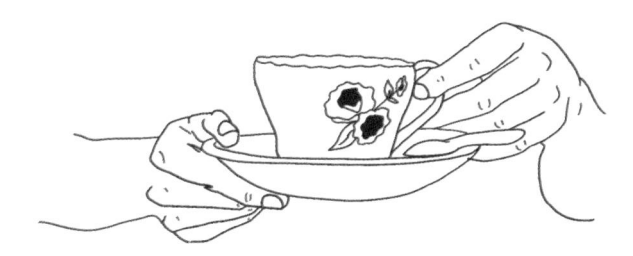

PEDIDO DE AJUDA A UM ESPÍRITO

Este é um exemplo de como você pode entrar em contato com os espíritos para pedir ajuda. À medida que você adquire prática, vai aprender de que tipo de oferenda eles gostam e com que tipo de feitiço cada espírito pode ajudar. Eu gosto de incluir donativos em meus feitiços espirituais, pois trabalho com a deusa Hécate, a deusa grega das bruxas, dos mortos e dos indigentes. Fazer doações aos necessitados agrada a ela e consequentemente aos espíritos.

QUANDO LANÇAR O FEITIÇO
Lance este feitiço quando estiver se sentindo mais poderosa.

TEMPO NECESSÁRIO PARA LANÇAR O FEITIÇO
Leva cerca de 30 minutos para preparar este feitiço.

ONDE LANÇAR O FEITIÇO
Lance este feitiço na área mais poderosa da sua casa.

INGREDIENTES E INSTRUMENTOS
1 vela
1 espelho
1 tigela de água
Oferendas aos espíritos, como libações e doações, por exemplo, uma nota de dez reais
1 caneta
1 folha de papel

1. Encontre um local sem distrações e onde terá privacidade.
2. Ao arrumar o seu espaço, disponha a vela, o espelho, a água, as oferendas e as doações.
3. Comece a meditar. Em sua mente, chame o espírito com que você quer trabalhar. Se não sabe com qual espírito deseja se comunicar, invoque qualquer espírito de luz disposto a ajudá-la.
4. Acenda sua vela e verifique se consegue ver o seu reflexo e o reflexo da vela no espelho.
5. Fale com o espírito, informando a oferenda que você tem para ele, como um presente pelo tempo e ajuda que ele lhe dedicou. Em seguida, diga em voz alta com o que você precisa de ajuda.
6. Pegue a caneta e o papel, escreva uma frase que traduza o seu objetivo e, sem nunca tirar a caneta do papel, escreva-a repetidamente. Pronuncie várias vezes a frase em voz alta enquanto a escreve. Isso a ajudará a entrar num transe meditativo, enquanto você deixa sua intenção clara para o espírito, para você mesma e para o universo. Faça isso até preencher todo o papel.
7. Quando terminar, informe qual é o seu donativo. Deixe o espírito saber que você colocará a doação numa encruzilhada (aqueles que necessitarem podem pegar a doação nesse local, mas, se preferir doar para uma instituição ou um abrigo, você também pode fazer isso).
8. Agradeça ao espírito e deixe que ele saiba que suas oferendas ficarão no seu altar pelo resto da noite.
9. Apague a vela, mas deixe as oferendas no altar até o dia seguinte, quando poderá limpar tudo.
10. Quando o seu objetivo for concretizado, vá até o local onde deixou as oferendas e agradeça aos espíritos pela assistência.

ÓLEO DA ADIVINHAÇÃO

Este óleo destina-se a facilitar suas leituras adivinhatórias. Ele pode ser usado de várias maneiras: num difusor, enquanto você utiliza seu método de adivinhação; em velas, para adivinhações ou feitiços envolvendo espíritos; ou como perfume, ao trabalhar com outras pessoas. Todas as ervas usadas neste feitiço promovem o desenvolvimento psíquico e a conexão espiritual.

QUANDO LANÇAR O FEITIÇO
Faça este óleo na segunda-feira (dia da Lua) ou durante a lua cheia.

TEMPO NECESSÁRIO PARA LANÇAR O FEITIÇO
Leva cerca de 15 minutos para providenciar os ingredientes necessários para preparar este óleo.

ONDE LANÇAR O FEITIÇO
Lance este feitiço na cozinha, para facilitar a limpeza. Mas, se você tem um espaço reservado para realizar trabalhos de adivinhação, esse é o local ideal.

INGREDIENTES E INSTRUMENTOS
1 incenso de alecrim
1 frasco pequeno com tampa
Óleo carreador (suficiente para encher o frasco até a metade)
3 raízes de bistorta
3 cascas de cerejeira
Raiz de dente-de-leão triturada
1 flor de hibisco desidratada
3 gotas de óleo de cânfora
3 gotas de óleo de jasmim
3 gotas de óleo de artemísia

1. Prepare seu espaço como quiser, enquanto queima incenso de alecrim.
2. Encha o frasco até a metade com o óleo carreador e, em seguida, adicione as ervas secas.
3. Acrescente os óleos de cânfora, jasmim e artemísia.
4. Adicione ingredientes ou os substitua por quaisquer outros de sua preferência, para personalizar o óleo.
5. Se você puder deixar o óleo sob a lua cheia por uma noite, seria perfeito. Use-o sempre que estiver fazendo qualquer tipo de adivinhação.

FEITIÇO PARA TRANSFORMAR UM OBJETO NUM TALISMÃ PARA PROTEÇÃO ESPIRITUAL

Quando se trata de proteção, meu primeiro pensamento é sempre pedir o auxílio dos espíritos. Eles nos ajudam no trabalho de adivinhação e zelam por nós com mais frequência do que imaginamos. Pedir a proteção dos espíritos é um modo de estreitar o relacionamento com eles e também de evitar riscos no trabalho espiritual. Este feitiço foi originalmente publicado na edição de agosto de 2016 da *Witch Way Magazine*.

QUANDO LANÇAR O FEITIÇO
Faça este feitiço quando estiver se sentindo mais poderosa.

TEMPO NECESSÁRIO PARA LANÇAR O FEITIÇO
Leva cerca de 30 minutos para preparar este feitiço.

ONDE LANÇAR O FEITIÇO
Lance este feitiço na área mais poderosa da casa.

INGREDIENTES E INSTRUMENTOS
Velas de qualquer cor que agrade você (a cor branca é muitas vezes usada em feitiços de proteção)
1 incenso de artemísia ou absinto (evitar sálvia)
1 objeto que você deseja carregar (como um anel, um colar ou qualquer outro ornamento)
1 recipiente com água
1 espelho
Algumas moedas
Oferendas como chocolate, álcool, mel ou cigarros

1. Prepare seu espaço com as velas e o incenso. Passe algum tempo meditando para entrar no estado de espírito apropriado.
2. Coloque no seu altar ou espaço de trabalho o objeto que você deseja carregar com energia de proteção.

3. Cerque esse objeto com os outros ingredientes: as velas, o incenso, a água, o espelho, as moedas e as oferendas.
4. Usando o espelho, olhe diretamente nos seus próprios olhos e afirme sua intenção:

   Espíritos de luz e bondade, este objeto é uma conexão.
   Para eu estar sempre cercada com sua energia e proteção.
   Que apenas bons espíritos se conectem a este ritual.
   Os mal-intencionados não são bem-vindos a este local.

5. Feche os olhos e, com os olhos da mente, imagine o seu objeto infundido de luz.
6. Reserve alguns momentos para captar psiquicamente qualquer mensagem espiritual, para que você saiba se há um espírito presente.
7. Neste ponto, fale com o espírito. Deixe-o saber que as oferendas que você colocou sobre o altar são presentes para lhe agradecer pelo seu tempo e ajuda.
8. Prove as oferendas, mas reserve a maior parte para o espírito. Afinal, ninguém gosta de se entregar aos prazeres mundanos sozinho...
9. Agradeça ao espírito e informe-o de que suas oferendas ficarão no altar pelo resto da noite. Apague a vela, mas deixe as oferendas no altar até o dia seguinte.
10. Repita este ritual por mais duas noites. A cada noite, reabasteça as oferendas e descarte a comida e outros itens perecíveis do ritual anterior debaixo de uma árvore, de preferência numa encruzilhada.
11. Na terceira noite, imediatamente após a realização do feitiço, tire do altar todas as oferendas (exceto o objeto carregado) e retorne ao local onde você descartou as oferendas anteriores. Depois que todas elas foram descartadas, retorne ao altar e coloque o objeto recém-carregado. Isso mostra ao espírito que você está confiante em relação à proteção oferecida pelo objeto e pronta para usá-lo.
12. Agradeça ao espírito e repita esse feitiço a cada três meses ou a cada ano, se você sentir que ele precisa ser renovado.

CAPÍTULO 10

PROTEÇÃO

Os feitiços de proteção estão no cerne da bruxaria. Afinal, sem proteção, você não pode fazer muita coisa no mundo da magia. Ideias para feitiços de proteção você encontra em toda parte. Pense nas superstições da cultura popular – desde jogar sal por cima do ombro até não deixar os sapatos com a sola para cima ou passar embaixo de escadas. Em algumas partes do sul dos Estados Unidos, existem até casas onde os buracos da fechadura foram colocados de cabeça para baixo a fim de manter entidades a distância. A proteção está sempre presente na mente da maioria das pessoas de uma maneira ou de outra, por isso fico feliz em compartilhar alguns feitiços para ajudar você a invocar proteção na sua prática de bruxaria.

Pó de proteção para o corpo	178
Ritual semanal de limpeza rápida	180
Talismã de proteção para seu automóvel	182
Feitiço de proteção com cravos para bruxas ocupadas	184
Garrafa de bruxa para proteção	186
Quebra-feitiço	188

DEFINA A SUA INTENÇÃO

Quando se trata de feitiços de proteção, é importante ter em mente que eles não são um tipo de magia do tipo "faça e esqueça". Você não pode lançar um feitiço de proteção e esperar que ele continue a surtir efeitos durante anos. Por quê? Porque as coisas mudam. A vida muda, as circunstâncias mudam, as ameaças mudam, você muda. Planeje renovar, manter e atualizar a magia de proteção constantemente, para que ela continue surtindo efeito. Isso significa que nenhum mal jamais acontecerá a você? Claro que não! Às vezes, nós mesmas atraímos o mal com os nossos pensamentos e atitudes. No entanto, se você fizer da proteção uma prioridade, isso ajudará você a ficar mais lúcida e mais preparada para lidar com o inevitável e o imprevisível. Quando estiver lançando feitiços de proteção, lembre-se de se concentrar e afastar da mente qualquer negatividade. Visualizar luz branca enquanto trabalha com feitiços de proteção é algo que sempre costumo fazer.

UMA DICA SOBRE TALISMÃS

Os talismãs de proteção são saquinhos ou sachês com combinações de ervas, pedras e óleos, reunidos para corresponder à sua situação única. Eu adoro esses saquinhos porque são versáteis, podem ser guardados em espaços pequenos e são ideais para a proteção mágica. Minha grande regra, quando se trata desses talismãs, é explorar profundamente nosso repertório de bruxa na hora de prepará-los. Pense nas muitas ervas, óleos e cristais que você tem disponíveis – isso a ajudará a analisar sua situação de vários ângulos e permitirá que crie um talismã personalizado sempre que precisar.

PÓ DE PROTEÇÃO PARA O CORPO

Este pó de proteção deve ter a consistência de uma pasta, que você pode aplicar diretamente no corpo. Ele serve para repelir a energia negativa e é perfeito para você usar quando está perto de pessoas que podem não querer o seu bem. A sálvia é uma erva purificadora, a salsa promove o bem-estar e o alecrim elimina a energia negativa persistente.

QUANDO LANÇAR O FEITIÇO
Prepare este pó na lua cheia ou no domingo.

TEMPO NECESSÁRIO PARA LANÇAR O FEITIÇO
Leva cerca de 15 minutos para providenciar os ingredientes necessários para preparar este pó.

ONDE LANÇAR O FEITIÇO
Prepare este pó num espaço de trabalho confortável e poderoso, como a cozinha ou seu altar.

INGREDIENTES E INSTRUMENTOS
Água da Flórida (ou receita sugerida na nota de rodapé da página 60)
1 frasco pequeno
2 colheres de sopa de carvão ativado
1 colher de sopa de sálvia triturada
1 colher de sopa de salsinha desidratada
1 colher de sopa de alecrim triturado
10 gotas de Unblocking Oil [Óleo Desbloqueador] (semelhante ao Road Opener, este óleo pode ser encontrado em lojas virtuais de *hoodoo*)

1. Use a Água da Flórida para limpar o frasco e deixe-o secar completamente.
2. Segure cada um dos outros ingredientes nas mãos. Sinta a energia deles antes de adicioná-los ao frasco. Não tenha pressa.
3. Quando estiver pronta para usar o pó, misture uma colher de chá do composto do frasco com algumas gotas de água até formar uma pasta.
4. Use a pasta para desenhar um sigilo ou símbolo protetor no seu corpo, sob a roupa. Escolha um símbolo que seja poderoso para você ou para a sua tradição.

RITUAL SEMANAL DE LIMPEZA RÁPIDA

Este é um ritual perfeito que leva menos de 10 minutos. Se você realizá-lo toda semana, poderá manter a energia espiritual da sua casa sempre limpa e renovada. O ideal é fazê-lo depois que você já realizou uma faxina física. A sálvia e a água salgada limpam o espaço e a energia do ambiente, enquanto as ervas fervem no fogão, gerando nova energia para substituir a estagnada. Ele ajuda você a arejar o seu espaço e a renovar suas energias.

QUANDO LANÇAR O FEITIÇO
Escolha um dia que você tenha disponível para fazer faxina.

TEMPO NECESSÁRIO PARA LANÇAR O FEITIÇO
Leva cerca de 10 minutos para você se preparar e concluir este ritual.

ONDE LANÇAR O FEITIÇO
Faça este ritual em várias partes da casa.

INGREDIENTES E INSTRUMENTOS
1 panela grande
8 xícaras de água
Fogão
1 pedaço de babosa
1 pedaço de casca de laranja
1 colher de sopa de alecrim desidratado
1 xícara de água salgada
1 rolo de defumação de sálvia ou palo-santo
1 dose de rum ou outra libação

1. Prepare sua casa para a limpeza, abrindo as janelas e certificando-se de que não haja nada obstruindo a passagem de um cômodo para outro.
2. Comece aquecendo a água numa panela grande, em fogo alto.
3. Quando a água estiver fervendo, abaixe o fogo.
4. Adicione a babosa, a casca de laranja e o alecrim à água fervente. Deixe essa mistura fervendo até você terminar o ritual.
5. Começando num canto da casa, mergulhe os dedos na água salgada e depois respingue a água na direção do local onde o teto encontra a parede.
6. Comece a se mover para a esquerda, ao longo da parede, até fazer isso em todos os cômodos da sua casa.
7. Quando terminar, acenda o rolo de defumação de sálvia ou palo-santo. Realize o mesmo percurso, espalhando a fumaça, até que todos os cômodos da casa sejam defumados.
8. Por fim, agradeça a qualquer ancestral espiritual que proteja sua casa servindo-lhes uma dose de rum. Diga algo como "Obrigada a todos os espíritos deste lugar, espíritos desta casa e guias espirituais que zelam por esta casa e por seus moradores. Em agradecimento, deixo a vocês esta oferenda". Em seguida, derrame o rum no chão ou na calçada em frente à sua casa.
9. Faça esse ritual toda semana, para manter a energia da sua casa leve e purificada, e para ajudar a prevenir o acúmulo de energia negativa.

TALISMÃ DE PROTEÇÃO PARA SEU AUTOMÓVEL

A proteção durante os percursos realizados de carro é muito importante. Mantenha este talismã no porta-luvas do automóvel, para proteger você, os demais passageiros e seu veículo enquanto estiver no trânsito. A mistura de ervas usada neste feitiço propicia viagens seguras.

QUANDO LANÇAR O FEITIÇO
Prepare este talismã durante a lua cheia.

TEMPO NECESSÁRIO PARA LANÇAR O FEITIÇO
Leva cerca de 15 minutos para providenciar os ingredientes necessários para preparar este talismã.

ONDE LANÇAR O FEITIÇO
Prepare este talismã num espaço de trabalho confortável e poderoso, como a cozinha ou seu altar.

INGREDIENTES E INSTRUMENTOS
1 colher de sopa de algas desidratadas
1 colher de sopa de tanaceto desidratado (mais conhecido no Brasil como catinga-de-mulata)
½ colher de sopa de kava-kava desidratada
1 raiz de Lucky Hand Root (ou raiz de açafrão-da-terra)
10 gotas de óleo de confrei
1 saquinho (a cor branca é maravilhosa para feitiços de proteção)

1. Segure cada ingrediente nas mãos. Sinta a energia de cada um deles.
2. Insira cada item no saquinho, não tenha pressa. Fique à vontade para substituir ingredientes ou adicionar símbolos, ervas ou cristais que não estejam na lista, mas com os quais sente afinidade e sintonia.
3. Enquanto trabalha, concentre sua atenção nas intenções de força, proteção, segurança e coragem.
4. Guarde esse talismã no porta-luvas do carro e refaça-o anualmente, com base no que você sentir ao manuseá-lo.

FEITIÇO DE PROTEÇÃO COM CRAVOS PARA BRUXAS OCUPADAS

Este feitiço foi projetado para ajudar a afastar qualquer influência negativa que pode estar tentando envolvê-la. As ervas usadas a protegem contra pessoas com más intenções, sejam elas inimigos ou amigos que tenham interesses com os quais você não concorda. Este feitiço chegou até nós por meio de Austen Smith e foi originalmente publicado na edição de setembro de 2018 da *Witch Way Magazine*.

QUANDO LANÇAR O FEITIÇO
Dias de lua cheia e domingos são ótimos para este tipo de feitiço.

TEMPO NECESSÁRIO PARA LANÇAR O FEITIÇO
Leva cerca de 30 minutos para preparar este feitiço.

ONDE LANÇAR O FEITIÇO
Lance este feitiço no seu espaço mais espiritual, por exemplo, o seu altar.

INGREDIENTES E INSTRUMENTOS
1 vela de castiçal vermelha, preta ou branca
2 colheres de sopa de cravos-da-índia
1 colher de sopa de azeite de oliva
1 colher de sopa de pimenta-do-reino moída
1 colher de sopa de folhas de manjericão desidratadas e trituradas
1 colher de sopa de sal marinho

1. Lance seu círculo. Invoque seus espíritos. Aterre-se e prepare-se para lançar o feitiço.
2. Craveje a vela de castiçal com os cravos-da-índia (ou seja, pressione o cravo na superfície da vela), criando um desenho do seu gosto.
3. Role a vela no azeite de oliva.
4. Espalhe os grãos de pimenta-do-reino, o manjericão triturado e o sal sobre uma superfície rígida. Em seguida, role a vela por cima da mistura.
5. Recite esta afirmação (ou crie a sua própria):

    Eu invoco os Antigos. Aqueles que viveram e morreram antes de nós.
    Invoco aqueles que guiam minha jornada rumo à espiritualidade e servem como pilares da minha evolução. Invoco o remédio espiritual do cravo e das ervas que o acompanham para se unir aos Antigos.
    Formem um escudo ao redor do meu corpo, da minha mente e da minha alma, enquanto enfrento esses difíceis desafios. Esse escudo me protege do mal, dos desvios e distrações do caminho, da inveja e de outras emoções destrutivas que tentam impedir meu avanço. Que este feitiço sirva como demonstração da minha fé. Que assim seja.

6. Fite a chama da vela para visualizar o resultado desejado.
7. Expresse gratidão pelo que está por vir.
8. Termine o ritual fechando seu círculo.

GARRAFA DE BRUXA PARA PROTEÇÃO

A garrafa de bruxa é uma técnica de proteção clássica. Neste feitiço, vamos fazer uma armadilha para qualquer energia negativa ou prejudicial que outras pessoas estejam enviando a você. Os objetos afiados colocados na garrafa de bruxa puxam para dentro do recipiente a energia negativa enviada na sua direção.

QUANDO LANÇAR O FEITIÇO
Crie esta garrafa de bruxa num momento em que você se sentir mais poderosa.

TEMPO NECESSÁRIO PARA LANÇAR O FEITIÇO
Leva cerca de 30 minutos para providenciar os ingredientes necessários para preparar esta garrafa de bruxa.

ONDE LANÇAR O FEITIÇO
Prepare esta garrafa num espaço de trabalho confortável e poderoso. Se puder prepará-la ao ar livre, num local onde possa ficar longe dos olhos das outras pessoas, faça isso.

INGREDIENTES E INSTRUMENTOS
4 xícaras de sal
1 frasco de vidro transparente com tampa
Objetos afiados, como vidro, pregos, metal enferrujado etc.
Um líquido corporal que represente a bruxa que está lançando o feitiço
Cera preta para lacrar a tampa do frasco

1. Despeje o sal no frasco.
2. Com muito cuidado, adicione os objetos pontiagudos. Você pode encher o frasco até a boca com esses itens.
3. Despeje o fluido corporal da sua escolha. Isso conectará a garrafa de bruxa a você.
4. Lacre o frasco, usando cera preta. Certifique-se de que ele fique completamente lacrado, para que não possa ser aberto.
5. Enterre a garrafa de bruxa na sua propriedade. Se não puder enterrá-la, guarde o frasco num lugar escuro e silencioso, onde não possa ser encontrado por outras pessoas. Se enterrá-lo na sua propriedade, você só precisará fazer isso uma vez. Não é necessário remover os frascos enterrados. Se você remover uma garrafa de bruxa enterrada, descarte-a.

QUEBRA-FEITIÇO

Se você acredita que alguém enviou uma carga ruim para você, este feitiço é perfeito para ajudar a romper essa conexão. Ele chegou até nós por meio de Michelle Guerrero Denison e foi publicado originalmente na edição de novembro de 2016 da *Witch Way Magazine*.

QUANDO LANÇAR O FEITIÇO
Os dias de lua cheia ou os domingos são ótimos para este tipo de feitiço.

TEMPO NECESSÁRIO PARA LANÇAR O FEITIÇO
Leva cerca de 30 minutos para preparar este feitiço.

ONDE LANÇAR O FEITIÇO
Lance este feitiço no seu espaço mais espiritual, como o seu altar, ou ao ar livre.

INGREDIENTES E INSTRUMENTOS
1 vela de *réchaud* flutuante (esta vela deve ser específica para flutuar. Outras velas de *réchaud* podem até flutuar, mas provavelmente afundarão depois, fazendo com que a cera fique encharcada)
1 tigela com água
1 limão
1 faca
2 xícaras de sal marinho
1 saquinho
3 anis-estrelados
1 colher de chá de sálvia branca
1 raminho de alecrim
1 fio do seu cabelo
1 apara da sua unha
1 pedra olho-de-tigre

1. Coloque uma vela de *réchaud* na superfície da tigela com água.
2. Feche os olhos e respire fundo. Concentre-se em deter o infortúnio e o caos que a rodeia.
3. Após alguns minutos, abra os olhos.
4. Acenda a vela e reserve.
5. Segure o limão nas mãos e mantenha o foco.
6. Repita a frase "*Quebre esta maldição*" repetidamente até sentir que o limão absorveu sua intenção.
7. Corte o limão ao meio e pressione-o sobre um punhado de sal marinho, cobrindo a polpa suculenta com uma camada grossa de sal.
8. Deixe o limão de lado por enquanto.
9. Coloque no saquinho o anis-estrelado, a sálvia branca, o alecrim, o fio de cabelo, a apara de unha e o olho-de-tigre.
10. Quando a vela acabar, faça um buraco na terra e enterre os restos dela. Em seguida, despeje a água da tigela que usou.
11. Mantenha o saquinho e o limão em seu altar até que o limão murche. Isso pode levar cerca de 2 a 3 semanas.
12. Depois desse período, você pode enterrar o limão e guardar o saquinho.

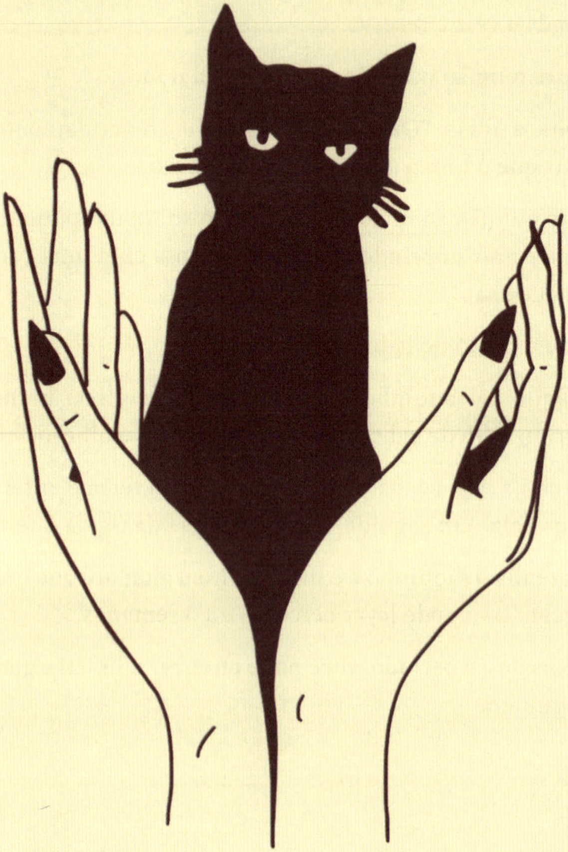

GLOSSÁRIO

A seguir, apresento a lista dos termos com asterisco que usei ao longo do livro. Na maioria das vezes, defini esses termos no contexto, mas este glossário é um guia de referência rápida, no qual você poderá encontrar todas as definições no mesmo lugar.

ÁGUA DA FLÓRIDA: Colônia tradicional peruana feita com álcool e ervas. Usada por xamãs, pajés e praticantes de bruxaria e do *hoodoo*, em rituais de magia e de limpeza espiritual. Normalmente, é comprada em lojas de magia ou em sites na internet. No Brasil, já existem lojas virtuais que comercializam a Água da Flórida.

ATERRAMENTO: Prática que envolve se sentar em meio à natureza ou visualizar-se nesse ambiente, para reequilibrar a energia mental e espiritual. Acredita-se que o aterramento libere a energia mais caótica na terra, retirando-a da mente e do corpo do praticante.

CONE DE PODER: Este é um método usado pelas bruxas para gerar energia num ritual de magia. A praticante normalmente "puxa" a energia da terra para o espaço em que ela está fazendo magia.

CONSULENTE: Termo usado para designar uma pessoa que consulta um leitor de tarô ou de outro sistema advinhatório.

ENCANTADOS: Criaturas do mundo espiritual que entram em nosso mundo por meio dos elementos. Esse termo abrange as fadas, os gnomos, as dríades, os *trolls*, os *changelings* e os elfos.

ENCRUZILHADA: A encruzilhada é um lugar onde duas vias se encontram. Muitos espíritos costumam passar pelas encruzilhadas. Por essa razão, elas costumam ser consideradas um local propício para se deixar oferendas, nas práticas de bruxaria.

ÉTER: O éter é o espaço energético que preenche o universo, ou seja, o plano astral ou mundo espiritual.

HERBOLOGIA: Prática de trabalhar com ervas, plantas e especiarias.

LANÇAR O CÍRCULO: Esta prática cria um espaço sagrado protegido, no qual é possível realizar um ritual. O lançamento do círculo pode incluir uma meditação, o traçado de um círculo físico com cristais ou velas ou até um banho de proteção.

LITOMANCIA: Forma de adivinhação em que se faz a interpretação das pedras.

LIVRO DAS SOMBRAS: Registro pessoal da bruxa, contendo as descrições dos seus trabalhos de magia, pensamentos pessoais e segredos espirituais. Às vezes a bruxa codifica esse registro usando o alfabeto tebano.

LOAS: Espíritos do vodu.

LUA FORA DE CURSO: Período em que a Lua transita de um signo do zodíaco para outro.

OOMANCIA: Forma de adivinhação em que se faz a interpretação dos ovos.

PIROMANCIA: Forma de adivinhação em que se faz a interpretação das chamas do fogo.

RODA DO ANO: Termo usado para designar o calendário de celebrações pagãs.

ROLO DE DEFUMAÇÃO: Este é um rolo de ervas usado para limpeza e purificação, composto de sálvia ou palo-santo, que, quando queimados, produzem uma fumaça que pode purificar a energia estagnada ou negativa de um espaço ou objeto. O rolo de defumação substitui o incenso.

SABÁS: Os sabás são os oito festivais pagãos celebrados pelas bruxas e que correspondem ao ciclo das estações. No Hemisfério Norte, eles são Yule (21/22 de dezembro), Imbolc (1º/2 de fevereiro), Ostara (21/22 de março), Beltane (1º de maio), Litha (21/22 de junho), Lammas (1º/2 de agosto), Mabon (21/22 de setembro) e Samhain (31 de outubro).

SALTAR FOGUEIRA: Esta é uma prática simbólica que consiste em saltar literalmente uma pequena fogueira, para representar a transição do nosso mundo mundano para o mundo da magia. Em muitas culturas, também se acredita que esse costume ajude a afastar os maus espíritos.

SIGILOS: Símbolos criados para captar e reter uma certa energia ou intenção.

TRIQUETRA: Símbolo do nó celta, usado na magia, na bruxaria e na Wicca, que representa o poder do três, incluindo a donzela, a mãe e a anciã, ou passado, presente e futuro – o ciclo infinito da vida.

VELAS DE CASTIÇAL: Velas de castiçal são pequenas velas cônicas sem perfume, de cerca de 10 cm, muito usadas em trabalho de magia. Além de serem fabricadas em várias cores diferentes, seu tamanho pequeno facilita o armazenamento e a disposição no altar.

VESTIDA DE CÉU: Este é um termo wiccano que designa a praticante que realiza rituais nua.

VEVES: Grupo de símbolos usados no vodu haitiano para representar o mundo astral e suas diferentes entidades.

LEITURAS RECOMENDADAS

Drawing Down the Moon, **de Margot Adler**
Qualquer bom sistema de crenças precisa provir de uma base sólida. Este livro não apenas fornece informações históricas sobre a bruxaria, como também ajuda você a entender como ela se desenvolveu ao longo dos anos e com tantas vertentes.

The Complete Book of Incense, Oils and Brew, **de Scott Cunningham**
Perfeito para a bruxa que trabalha com ervas, este livro tem tudo o que você precisa para se sentir confortável na cozinha e aprender novas receitas mágicas.

The Witches, Book of the Dead, **de Christian Day**
Meu livro favorito sobre espíritos e trabalho espiritual, este é o melhor guia que já encontrei para ajudar qualquer bruxa que se sinta conectada ao mundo espiritual.

A Curious Future, **de Kiki Dombrowski**
Este livro é um guia abrangente para quem é novato em métodos de adivinhação. Ele apresenta explicações completas de todos os tipos de técnicas de adivinhação e fornece informações para você continuar pesquisando por conta própria.

Eight Extraordinary Days, **de Kiki Dombrowski**
A Roda do Ano contribui com grande parte das práticas das bruxas para se conectar com a energia da terra. Este livro descreve os rituais de cada estação, bem como oferece receitas e exercícios que você pode fazer para se conectar à energia da terra, ao longo do ano.

The Art of Witch, **de Fiona Horne**
O que significa ser uma bruxa? Este livro responde a essa pergunta e muitas outras. Um manual para os rebeldes, ele fala sobre como a sua vida pode mudar quando você decide ser uma bruxa.

The Encyclopedia of Occultism and Parapsychology, **organizada por J. Gordon Melton**
Este é um recurso incrível para qualquer bruxa. Você vai encontrar, entre seus verbetes, práticas, personalidades, espíritos e termos sobre os campos do paranormal. O melhor é que essa enciclopédia fornece uma explicação científica e também sugere estudos para quem quer se aprofundar em vários assuntos.

Witch Way Magazine
Uma revista sobre o estilo de vida moderno das bruxas. Ela inspira novas paixões e oferece novas perspectivas sobre antigas tradições da bruxaria.

Get Psychic!, **de Stacey Wolf**
Este é um livro muito divertido que ajudará você a identificar seus dons psíquicos e a aprender exercícios para desenvolvê-los. Ele faz isso de uma maneira leve e envolvente, e fácil o suficiente para bruxas com qualquer nível de experiência. É cheio de testes, histórias e exercícios. *Get Psychic!* é um grande livro para se ler depois deste.

REFERÊNCIAS

Adler, Margot. *Drawing Down the Moon: Witches,* Druids, Goddess--Worshippers, and Other Pagans in America Today. Nova York: Penguin Books, 1997.

Ben-Yehuda, Nachman. "The European Witch Craze of the 14th to 17th Centuries: A Sociologist's Perspective". *American Journal of Sociology*, v. 86, n. 1 (julho de 1980), pp. 1–31. https://doiog/0.1086/227200.

Brown, Tonya. "Charge an Item with Spirit Protection". *Witch Way Magazine*, 1º de agosto de 2016.

_____. "Passion Candles". *Witch Way Magazine*, 1º de fevereiro de 2017.

_____. "Pizza to Mend Strained Relationships". *Witch Way Magazine*, 1º de setembro de 2018.

_____. "Reading Tea Leaves". *Witch Way Magazine*, novembro de 2015.

Denison, Michelle Guerreo. "Hex Breaker Trifecta". *Witch Way Magazine*, novembro de 2016.

Dombrowski, Kiki. *A Curious Future:* A Handbook of Unusual Divination and Unique Oracular Techniques. Nashville: Phoebe Publishing, 2018.

Dombrowski, Kiki. *Eight Extraordinary Days:* Celebrations, Mythology, Magic, and Divination for the Witches' Wheel of the Year. Nashville: Phoebe Publishing, 2017.

_____. "In the Classroom: Exploring Elemental Magic with Fiona Horne". *Witch Way Magazine*, 1º de julho de 2018.

_____. "Kiki's Oil Grimoire". *Witch Way Magazine*, março de 2018.

_____. "Modern Day Flying Witches Ointment". *Witch Way Magazine*, 1º de novembro de 2016.

Donsbach, Margaret. "Boudica: Celtic War Queen Who Challenged Rome". *HistoryNet*, 12 de junho de 2006. http://www.historynet.com/boudica-celtic-war-queen-who-challenged-rome.htm.

Duplass, Mark e Jay Duplass, diretores. *Jeff, Who Lives at Home*. Hollywood, CA: Paramount Vantage, 2012. [No Brasil, *Jeff e as Armações do Destino*.]

Fleming, Andrew, diretor. *The Craft*. Culver City, CA: Columbia Pictures, 1996. [No Brasil, *Jovens Bruxas*.]

Garber, Megan. "Why Do Witches Ride Brooms? (NSFW)". *The Atlantic*, 31 de outubro de 2013. https://www.theatlantic.com/technology/archive/2013/10/why-do-witches-ride-brooms-nsfw/281037/.

Grohol, John M. "15 Common Cognitive Distortions". *PsychCentral*, acesso em 28 de outubro de 2018. https://psychcentral.com/lib/15-common-cognitive-distortions/.

Herkes, Michael. "Interview with Austin Shippey". *Witch Way Magazine*, janeiro de 2018.

Herkes, Michael. "Lustcraft". *Witch Way Magazine*, 1º de fevereiro de 2018.

Horne, Fiona. *7 Days to Magickal New You*. Londres: Thorsons, 2001.

_____. *The Naked Witch:* An Autobiography. dulwich Hill, AU: Rockpool Publishing, 2018.

_____. *Witch:* A Magickal Journey. Londres: Thorsons, 2002.

Jacobson, Abbi, diretora. *Broad City*. Quarta temporada, episódio 6, "Bruxas". No ar em 25 de outubro de 2017, no Comedy Central. [No Brasil, *Broad City – A Cidade das Minas*.]

Lester, Meera. *The Secret Power of You:* Decode Your Hidden Destiny with Astrology, Tarot, Palmistry, Numerology, and the Enneagram. Avon, MA: Adams Media, 2012.

Miiller, Em. "Tonic for Good Health". *Witch Way Magazine*, 1º de julho de 2018.

English Oxford Living Dictionaries. "Pagão", acesso em 21 de janeiro de 2019. https://en.oxforddictionaries.com/definition/ pagan.

Penczak, Christopher. *The Inner Temple of Witchcraft:* Magick, Meditation and Psychic Development. Woodbury, MN: Llewellyn Publications, 2012.

Poehler, Amy. *Yes Please*. Nova York: Dey Street Books, 2015.

Renton, Daina e Tonya Brown. "Red Flags When Looking for a Coven". *Witch Way Magazine*, abril de 2016.

Smith, Austen. "Clove Protection Spell for the Busy Witch". *Witch Way Magazine*, 1º de setembro de 2018.